JN275485

遠野のわらべ唄の語り伝え3

知恵を育てる唄

はじめに

　わたしは幼いころから唄が大好きで、毎日うたい遊んでいたものでした。

　こうした唄は代々大切に守り伝えられて来た唄であり、母や祖母や隣家のおばあさんたちが、大きくなれよ、利口になれよ、と心を込めて教えてくれた人育ての唄でした。

　生まれた時から唄で育てられ、大人になってからも心の中に唄を育てて、この遠野という山深い盆地で、物言わぬ百姓として暮らしたわたしたちの先祖が、子や孫たちに、そして未来の人たちに伝えたかったことを、これから受け継ぎました通りに述べてみようと思います。

目次

遠野のわらべ唄の種類

わらべ唄を役割別に大きく分類すると、遊び唄、呼びかけの唄、はやし唄、子守唄の四つに分けることができます。

遊び唄は『人を育てる唄』（エイデル研究所刊）として本にまとめました。遊び唄は、子どもが遊びをとおして体をつくり、社会性を育てます。

『呼びかけの唄』（エイデル研究所刊）も本にまとめましたが、こうした呼びかけの唄は、子どもが自然と遊び、自然から学んで心を育てます。

これから述べます「はやし唄」は生きるための知恵を育てます。生きていく時、何を大事にするかというとそれは恥を知ることです。恥とはどういうことかということを、子どもたちが言葉をつかって遊ぶなかで、体験させて分からせるための唄がはやし唄です。

はやし唄が伝えるもの

伝えられている唄を使って、相手をからかったり、あざわらったり、けなしたりすることを「はやす」と言います。

大人が子どもをはやす場合はしつけになります。子どもは、はや

「恥だとおもんねぇば（恥だと思わなければ）恥けぇだごどぁねぇ（恥をかいたことがない）」という諺がある。

された言葉によって、これはやったら駄目だとか、恥ずかしいことだということを知ったのでした。叱るのではなく、はやしたてて恥を感じさせて、「恥ずかしいことをやるのは嫌だなあ」と子どもが感じて、自分の意思で止めるように育てたのです。

子どもが子どもをはやす場合は、相手の欠点や弱みを容赦なくはやしたてました。子どもは、はやしあって遊んでいるうちに、「人は、やさしい気持ちを持っているが、意地悪な気持ちも持っている。相手も持っているし、自分も持っている」ということにも気づいたのでした。

はやされることは、自分の欠点を教えてもらうことです。親に言われても甘えがあるからなかなかすぐには直しませんが、子ども同士ではやしあうと、「負けたくない」と思う気持ちが働くから、はやされたら欠点になることは、やらなくなるので、自然に良い子になったのでした。大人はそれを見ていればよかったのです。

はやし唄と諺はつながっている

大人たちも、日常のなかではやし唄をよく唱えました。諺も自分の気持ちとして唱えたり、相手に対する風刺としてそれとなく唱えたりして楽しんでいました。

思ったことを言えと言われても、言えないと思うこともあるものだ。

それを遊びとして伝えられている唄の言葉を使って口にだして言えるのがはやし唄の遊び。


子どもたちは、そうやって大人たちが実際に諺を唱えるのを見たり、聞いたりしているうちに、いつとなく諺も聞き覚えてとなえ唄と同様にとなえて楽しんだものでした。

「どんなに世の中が変わっても、人の心は変わらない。善いことは善いこと。悪いことは悪いこと。人間らしく生きるということも変わらない。嬉しいことは嬉しいこと、悲しいことは悲しいこと。人間の感じることだって変わらない。だから、人生は迷いながら進むよりも、先祖が遺してくれた言葉に従って進めば生きやすい」とわたしの周りの人たちは言っていました。


これから述べますことは、両親、祖母、隣家のおじいさん、おばあさんたちから受け継ぎました遠野に伝わるわらべ唄の語り伝えのなかの「はやし唄」の体験です。

「唄の言葉を守っていれば、間違いなく生きていける」

と教えられて、その通りに守ってきた言葉です。


こうした語り伝えは、前の代の人たちの生き方を誇りとし、自分たちもその通りに生きて、受け継いだ通りに次の世代に伝える、といった生き方を繰り返して、生きた人から生きた人へと守り伝えてきた人たちの生き方です。

第一章　はやし唄の前に育てておくこと

はやし唄は、言葉を使った遊びですから、まず、赤ちゃんと「声のやりとり」をして遊びます。それから動作で「あいさつ」とか「ものをもらう、与える」「食事の作法」などを、赤ちゃんと遊びながら教えます。

すると、まだ、言葉を話せない赤ちゃんが、気持ちを動作で表してくれるようになります。

自分の人生の主役は自分。自分を知ってもらうために自分の顔で、自分の言葉で自分の行動で自分を伝える。

声のやりとり

生まれたばかりの赤ちゃんは、ほとんど一日中すやすやと眠っていますが、生後一カ月近くなると、赤ちゃんは真っ正面を見て、「うんこー」と声をだすようになります。赤ちゃんは、まだ目がはっきり見えないので、「うんこー」と声を出して相手を求めるのだそうです。だから、赤ちゃんとまっすぐに目を合わせ、「ここにいるよ」という気持ちを込めて、赤ちゃんと同じように「うんこー」と応えてやります。すると赤ちゃんは、また「うんこー」と言う。これが赤ちゃんとの会話の始まりです。

この時に必ず、赤ちゃんと真っすぐに向かい、赤ちゃんの目を見て、問いかけることが大事です。赤ちゃんは、はじめて人を発見し、それからは、赤ちゃんの方からしきりに「うんこー」と語りかけてくるようになります。遠野ではこれを「うんこ語り」と言います。

赤ちゃんの目を真っすぐに見るためには、赤ちゃんが寝ているときには、ちょっと起こして顔が向き合うようにしていて問いかけます。抱っこをする時は、縦に抱いて赤ちゃんの顔と真っ正面に向き合うようにします。

生まれたばかりの赤ちゃんは、耳が聞こえるので驚きやすいし、

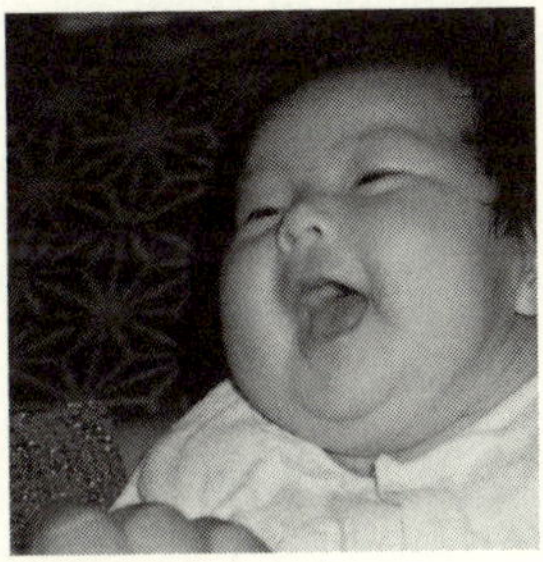

赤ちゃんに「うんこー」と声をかけると、赤ちゃんも「うんこー」と応える。繰り返すと、赤ちゃんは相手を感じて何度でも語りかけてくる。これは赤ちゃんとの声のやりとり。

一カ月

目はまだ、はっきり見えないから不安なんだそうです。それで頼れるのは自分に向けられるやさしい声だから、正面に向かい、「うんこー」と声を出して相手を求めるのだと言われていました。だから、必ず正面にいて、「うんこー」と何度も声をかけてやるようにしたのでした。

赤ちゃんは言葉が分からないからと思って、お乳だけをやっていると、赤ちゃんは何度繰り返しても声が返ってこないから、「うんこー」と声を出さなくなり、正面を見なくなります。こうなると、赤ちゃんはものを覚えにくくなるし、感じる気持ちも育たないと言われていました。だから、生まれたばかりの赤ちゃんが、正面を見て人を求めるこの時期をはずさないように、人を求めたらちゃんと応えてやります。そうすると赤ちゃんは安心して、声をかければ相手の目を見るようになります。

相手の目を見て話す。話を聞くという、人と人とが心を通い合わせる第一の土台がここでつくられるのです。だから「うんこー」と言ったら「うんこー」と返す。赤ちゃんとのこうした声のやりとりは、とても大事だと言われていました。

赤ちゃんが目で人影を追うようになったら「てんこてんこ」のような動作を真似る遊びを教える。
赤ちゃんの側を通った時、赤ちゃんに向かって「てんこてんこ」や「にぎにぎ」の動作をして見せる。
そうすることで赤ちゃんは相手を感じている。
☆「てんこてんこ」「にぎにぎ」については『人を育てる唄』（阿部ヤヱ著）エイデル研究所）参照。

動作を真似る

生まれたばかりの赤ちゃんが、「目で人影を追う」といって、人影を見つけて追うようになったら、「てんこてんこ」の遊びをやって見せます。すると赤ちゃんは、喜んでじいっと見ていますが、やがて「てんこてんこ」の動作を真似るようになります。赤ちゃんが動作を真似ることは、目が見えるし、耳も聞こえるし、真似をする能力もあるということです。だから、孫が生まれると動作を真似てくれるのを見たくて、家中で赤ちゃんに向かい、「てんこ　てんこ　てんこ」とうたってあやしたのでした。

諺にも、「孫ぁ生まれるずど、そのえ（家）サ馬鹿ぁ三人でる」とありますが、それくらい夢中になって赤ちゃんと遊びます。そうやって赤ちゃんと遊んでいると、赤ちゃんは「てんこてんこ」とか「にぎにぎ」「かんぶかんぶ」といったいろんな動作を真似るようになります。赤ちゃんにとって、大人の動作を真似ることは楽しい遊びであり、子守をする人と動作で話をすることです。

赤ちゃんの「遊び唄」に、「あぷうー」とか「あ　わわわわ」とか「れぇろ　れぇろ　れぇろ」があります。こうした遊びは、舌を動かしたり、口のまわりの筋肉をつくったりして、言葉を言えるようになるための訓練をしているのですから、大人は一緒に遊んであ

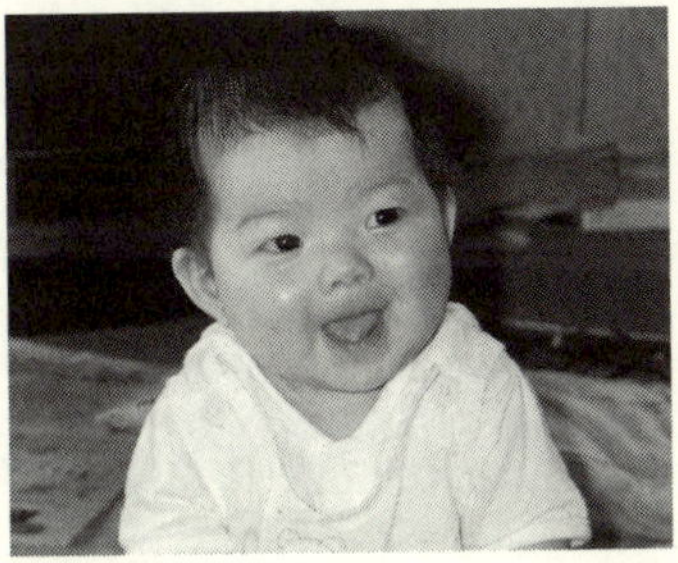

「ほら、できるよ」と赤ちゃんは「れぇろ　れぇろ」をして見せる。そうしたら大人は「じょうずじょうずじょうず」と手を叩いていっぱいほめてあげる。

八カ月

げるようにします。また、赤ちゃんはいろんな声が出せるようになると、意味のとれないおしゃべりをします。そうした時に、赤ちゃんだけにしゃべらせれば、赤ちゃんの独り言。相手をしてあげれば、赤ちゃんとの楽しい会話になります。

赤ちゃんは言葉を話せるようになるために、一生懸命努力をしているのですから、大人は、「じょうず　じょうず　じょうず」といっぱいほめてあげながら一緒に遊んでやります。

こうして、赤ちゃんに声のやりとりや、動作を真似る遊びを教えるのは、赤ちゃんにとって言葉を話すための準備であり、人になっていてものを覚える気持ちを育てることです。

赤ちゃんといろんな動作を真似る遊びをしますが、こうした遊びは、目と耳と頭を使って相手の動作を真似ることを覚えさせます。これは人に向かう時、相手が伝えようとしていることを、相手の目からも、言葉からも、動作からも、感じとることのできる人になるための癖をつけることです。人はこうしたことを身につけてものを覚えていくのです。

短い言葉で自分の気持ちを相手に伝える

遠野には赤ちゃんの時だけ使う言葉があります。このような言葉

は短くて覚えやすいので、赤ちゃんが礼儀や習慣を身につけるために役に立ちます。また、短くて覚えやすいので、赤ちゃんが自分の気持ちを伝える時にも役立ちます。

「あぎあぎあぎ」　食べる時。噛む動作をしながら
「うめぇうめぇうめぇ」　おいしい時。食べさせながら
「まんま」　ごはんを食べる時、赤ちゃんも言う
「ごっくん」　飲み込む時。飲み込む動作をしてみせる
「かぺろん」　顔を拭きますよという合図。
「ごろん」　転びそうな時。危ないから気をつけなさい
「たった」　立つ時。立たせながら
「ねんね」　横になる時。横にしながら
「あーお」　戸外に出る時。外を指さして。あーお（遠く）
「ばっぱ」　おんぶをする時。背をむけてしゃがんで
「あっあ」　別れる時。頭をさげて
「だっこ」　抱く時。両手を広げて
「あとう」　神だな、仏壇に向かった時。手を合わせる
「ちょうだい」　貰う時。両手を重ねていう
「どうも」　ありがとうという時。頭を下げながら

赤ちゃんは、子守をしてくれる人の声や、肌の温もりからやさしさを感じとって、なつき、動作で話しかけてくる。　八カ月

「あぷっ」　やってはいけないことを止める。にらんで
「ごめん」　ごめんなさいと謝る時。頭をさげながら
「しぃー」　おしっこをする時。そうした動作をさせて
「ぽうぽうぽう」　ぶつけた時。痛いところをなでながら
「いやいやいや」　嫌な時。首を振りながら
「ぽかぽかぽか」　あったかい時。日光とか火に向かって
「さみさみさみ」　寒い時。寒さに向かい肩をすくめて
「しゃーしゃーしゃー」　失敗した時。どうする　どうする
「ちょつちょつちょつ」　恥ずかしい時。はずかしがらせる
「ぺちょぺちょぺちょ」　叱られた時。からかって
「なっくなっくなっく」　泣きそうな時。我慢するんだよ
「ねったねったねった」　眠る時。目をつむって
「じい」　おじいさん
「ばあ」　おばあさん
「とう」　おとうさん
「かあ」　おかあさん

赤ちゃんは動作と気持ちを先に覚えて、それから少しずつ短い言葉をつないで、自分の気持ちを伝えることができるようになります。

あいさつ

夜、赤ちゃんが寝る時には、赤ちゃんを抱っこしているお母さんが、赤ちゃんにかわって、まだ起きている家族に向かい、「おやすみなさい」と言います。そうしたら家族も、「おやすみなさい」と返します。

子どもが自分で言葉が言えるようになったら、「おやすみなさい」と家族に言います。家族も、「おやすみなさい」と必ず言います。

赤ちゃんが朝起きた時には、赤ちゃんを抱っこしているお母さんが、赤ちゃんにかわって、「おはようございます」と家族に向かってあいさつします。そうしたら家族も、「おはようございます」とあいさつします。

子どもが「おはようございます」と言えるようになったら、家族に向かって「おはようございます」とあいさつをします。そしたら家族も、「おはようございます」と必ずあいさつします。

こうした夜寝る時、朝起きた時の家族にするあいさつは、毎日、欠かさずに続けます。習慣として必ずやるようにします。一日もごまかさないで続けることで、あいさつをすることが身につきます。

夜、赤ちゃんが寝る時には赤ちゃんに向い「もう眠る時間だよ」という言葉のかわりに「ねんね」と言って必ず決まった時間に眠る癖をつける。

家族同士のあいさつは、毎日、一生続ける。「おはようございます」「こんにちは」「お休みなさい」といったあいさつを自然に言える人になるには、赤ちゃんの時から習慣として身につけさせる。

「おはよう」とか「おやすみなさい」といったあいさつは、自分に対しても「今日が始まるぞ」「今日はお休み」というけじめになる言葉。

小さい時からあいさつをしていると、癖になって意識しなくても自然にあいさつができる人になる。

あいさつは人の心と心をつなぐ大事なことで、身の助けになってくれる。

あいさつは、相手より先にする。

外に出た時には、大人が、赤ちゃんの分としてよその人に、「こんにちは」とあいさつします。よその人もお互いにやることですから、ちゃんと「こんにちは」と赤ちゃんにあいさつを返してくれます。それから大人同士の話をします。

人と別れる時には、「あっあ」と言って赤ちゃんに頭をさげることを教えます。「さようなら」と同じ意味の赤ちゃん言葉です。誰かと別れる時には「あっあ」と言って頭をさげるものだということが分かると、赤ちゃんは、よそへ行って帰りたくなった時に、かっくん、かっくんと頭をさげて、帰りたいという動作をしたものでした。

赤ちゃんを連れて外に出る時には、大人が赤ちゃんの分として、「行ってまいります」と家族にあいさつします。家族は、「いっていらっしゃい」と言って送り出します。帰って来た時には、大人が赤ちゃんにかわって、「ただいま」と家族にあいさつします。

子どもが自分で言えるようになったら、家族に対して、「いってまいります」とあいさつします。

現在は「いってきます」というようですが、あいさつの言葉は習慣として身につきますから、大人になった時に、目上の人に対して、今、礼儀を教えていると思ったらもどかしい。

赤ちゃんと遊んでいると思ってやれば楽しい。

赤ちゃんは動作を真似るだけ。気持ちは後から。

見て、聞いて、頭で考えて真似をする。

そうやって赤ちゃんはものを覚える土台になることを身につける。


「いってきます」はまずいので、どうせ身につけるなら、「いってまいります」の方がいいと思います。

あいさつのような一生続けることは、赤ちゃんの時から習慣として身につけると、その場に合ったあいさつを自然に体がやってくれる人になります。あいさつが身につくと、相手に対して素直に向かうことができますから、相手もやさしく向かってくれます。

物をあげたり、もらったりする

物のをあげたり、もらったりすることは、人間関係のなかで一生続く大事なことです。ひったくるようなもらい方をされるといやな気がします。あげた方は、あげて喜ばれてうれしい。もらった方もいただいて有り難いというように気持ちを込めて、あげたりもらったりする。それが信頼につながります。

両手を重ねて出す動作を「ちょうだい」と言います。

まず、赤ちゃんから物をもらう時、

「ちょうだい」

と言って、両手を重ねて出します。それから持っている物をちょっと引っ張って、また、「ちょうだい」と言って、両手を重ねて出し

赤ちゃんは、欲しくない時には「ちょうだい」の動作をしない。赤ちゃんにお菓子や玩具をあげる時には、「ちょうだいは?」と赤ちゃんに聞いてからにする。

ます。何度となくそうやって「ちょうだい」をしていると、そのうちに赤ちゃんにも分かって、

「ちょうだい」

と言って両手を重ねて出すと、持っているものをくれるようになります。もらったら、

「どうも」

と言って頭をさげます。そしてすぐに、

「はい、あげる」

と言ってもらったものを赤ちゃんに返します。あげても、また、もらえるということが赤ちゃんに分かると、赤ちゃんは自分からくれるようになるものです。

　こうして人からものをもらう時には、両手を重ねて「ちょうだい」をしてもらい、もらったら、

「どうも（ありがとうございます）」

と言って頭をさげるということをきっちりと教えます。これを遊びとしてやります。

　赤ちゃんが、あげたりもらったりする動作をした時には、くれたら、

「じょうず　じょうず　じょうず」

はやし唄は生きる知恵を身につけるための言葉遊び。まず、赤ちゃんに遊びを通して、あいさつ、返事、くれたりもらったり、食事、お尻を隠すことのもとになることを教える。

それから、はやし唄を使って、教えられたことができない時にからかってうたい、はやされることは恥ずかしいと感じる気持ちを育てる。

はやし合うことは、相手の言葉を引き出し、相手の言葉を読み取ることを身につけること。こうしたことが前の代の人たちまで守ってきたはやし唄の伝え方。

「ちょうだい」をしたら、

「じょうず　じょうず　じょうず」

と、ひとつできたら手を叩いてほめてやるようにします。

赤ちゃんは、ほめられると声を立てて笑いながら、何回でもあげたりもらったりして遊ぶものです。

あげたり、もらったりする遊びが赤ちゃんにできるようになると、赤ちゃんは、実際に何かをもらう時にも、「ちょうだい」の動作をしてもらい、「どうも」という気持ちでお辞儀をします。

「貸して」

と言って、「ちょうだい」の動作をしても、貸してくれますから、

「どうも」

と言って、笑顔で赤ちゃんに頭をさげます。

こうして「どうぞ」という気持ちで物をあげたり、貸してあげたりすることは、分け与えるという心を育てます。

どこの家でも、赤ちゃんがまだ言葉を話せないうちから、あげたり、もらったりすことを遊びとしてやり、実際にも子どもがちゃんとできるように育てたのでした。

物でも心でも分け与えるということは、自分自身の満足感を高めることであり、あいさつと同じように、人間関係をつなぐためにも

大事なことです。

食事の作法

赤ちゃんにご飯を食べさせる時、大人は、赤ちゃんに向かい、

「まんま」

と言ってから、「あーん」と大きく口をあけて見せます。赤ちゃんは真似をして大きく口を開けますから食べさせます。そして、

あぎ　あぎ　あぎ

と繰り返しながら噛んで見せて、よく噛んで食べることを教えます。赤ちゃんは真似をして、「あぎ　あぎ　あぎ」と噛んで食べます。噛んで食べることを覚えたら、今度は、

もぐ　もぐ　もぐ

といって口をとじて食べる真似をして、口を閉じてゆっくり食べることを教えます。

「もぐ　もぐ　もぐ」ひいおばあちゃんに食べ方を教えてもらって、口を閉ざして噛んで食べている。食べることは楽しい。　一歳

おいしいものをちょっとつまみぐいをして「うめえ」味が分かる。
一歳一カ月

「くちゃくちゃと食うな（音を立てて食うな）」

「あきたあきたと食うな（口をあけておいしくなさそうに食うな）」

と言われていて、ものは口を閉じておいしそうにもぐもぐと食べるのがよい食べ方とされていました。

ご飯でも水でも飲み込む時には、

「ごっくん」

と言って、大きく飲み込む動作をして見せます。赤ちゃんや幼い子がご飯を食べる時には、「伸び水だ」といって必ず水を飲ませるものだと言われていました。

また、ものはおいしく食べるものだというので、

「うめぇ　うめぇ　うめぇ　もぐ　もぐ　もぐ」

と繰り返しながら、よく噛んで食べることも教えました。

食べる時には、「いただきます」。食べ終わったら、「ごちそうさまでした」と声に出して言い、軽く頭をさげることを必ず守らせます。忘れて立ったら戻して座らせて、言わせたものです。

赤ちゃんは、最初はこぼしながら食べますが、だんだん箸を上手に使って食べるようになります。その頃から食べる時の作法を守らせました。

「箸遠く持つ者は遠くサ縁づく」

箸で食べる練習中。

箸の持ち方はその人の性格を表すから、きちんと持つ。

「飯食う時は屁ぇたれるもんでねぇ」

「茶碗はだくずど（叩くと）貧乏神ぁ喜ぶ」

こうした食事の時に守らなければならないことは、育つにしたがってだんだん増えていきました。

「ねごろげぇってて（寝転んでいて）もの食うもんでねぇ」

「食うとすぐ横になるずどべご（牛）になる」

「飯台サ肘かけてもの食うな」

こうしたなかで特に厳しく守らせたことは、

「めしどきは立って歩くな（食事中は立って歩くな）」ということでした。食事中に立って歩くことは、無作法なだけではなく、三度の飯を授けてくださる神様に対して、罰当たりなことだといって、絶対に立って歩かせなかったものです。

食事の時に立って歩かせないために、食事の前には必ず、

「行かなくてもいいのか」

と子どもに聞いて、便所へ行かせました。

こうして「日に三度の食事の時には、絶対に、子どもを立って歩かせない」という決まりを大人がきちんと守らせれば、子どもは決まりを守ることを身につけることができたのです。

現在は、保育園などで、整列になじめない子が列に入ろうとしな

食べる時は一生懸命がいい。

かったり、ふらっと列から抜けたりすると聞きました。こうした子は学校に入ると、授業時間にも決まりを守ろうとしなかったり、じっと座っていなかったりして、みんなに迷惑をかけているようです。

困ったことですが、だからといってまだ学校に入っていないうちから、一日中、決められた生活をさせられていては、子どもはかわいそうですし、伸びられません。

子どもは自然を知ることが大事であり、見たい時には見る、聞きたい時には聞く、そうやって伸びていくものなのですが、今は家と園を行ったり来たりで、あまり自然とは遊べない生活をしています。だから小さいうちは、整列の時に何か音がしたとか、何かが気になってちょっと列から抜けたとしても、見たい時は見させて、聞きたい時には聞かせて、自分から列に戻ってきたらほめる、といった育て方の方が子どもにはいいと思います。

そのかわり、食事の時には、どの子も絶対に立って歩かせないこと。「食事の時に立って歩くことは、恥ずかしいこと」と教えて、厳しく守らせるのです。子どもは知らないで立って歩いたりするのですが、食事の時には、泣かせても絶対に歩かせないようにすると、きちんとできるようになるものです。

また、食事の作法を守らせることも、大人になった時、人に笑わ

箸を当たり前に持てるようにしてやるのは親の役目。変わった箸の持ち方をする人は、素直に見えないと言われていた。

れないように身につけさせることですから、立って歩かせないことと同じように大事です。こうした食事の時のいろんな決まりを子どもに守らせることで、子どもは、ほかのことにも決まりがあることを自然に感じとり、食べる時だけではなく、ほかのことでも、みんなと同じに決まりを守るようになるものです。

食べさせたいと思って子どものご機嫌をとって、立って歩く子の後からついて歩く大人を見ることもありますが、子どものためにはなりません。みんなと同じことができるように育ててやるのが、小さい子の育て方です。

人はいろいろな決まりの中で暮らしています。そして、決まりを守れない人がみんなに笑われます。だから昔の人たちは、あいさつ、返事、食事の作法、あげたりもらったりといった一生続けることは、大人になってから笑われて恥をかかないように、赤ちゃんの時からきちんと教えて、意識しなくても自然にできる人に育てたのでした。また、こうしたことは決まりを守ることと一緒に、思いやりとかやさしさ、人間関係も自然に身につくようになっています。

大人になれば、泣くことも恥、失敗も恥、ものを知らないことも恥と、恥になることがいっぱいあります。こうした恥になることも、はやしたてて恥をかかせて、恥とはどういうことなのか、恥をかく

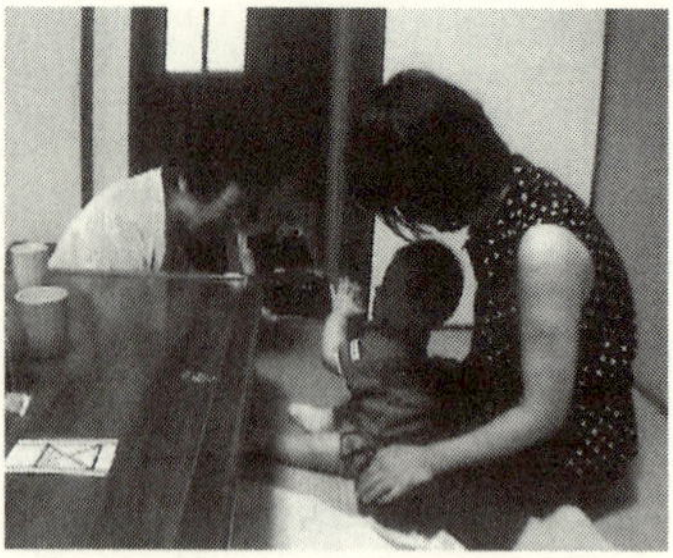

大人と動作で話しをする。「どうも」をすると赤ちゃんは「じょうずじょうず」をしてほめてくれた。　八カ月

とどんな気持ちなのかということを、小さい子は小さい子なりに、実際に恥をかかせて分からせたのでした。

育ちがわかる（一）

昨年の夏、もうすぐ九カ月になるという東京の女の赤ちゃんに会いました。慣れないうちは、じっとわたしを見ていましたが、

「はい、あげる」

と言って玩具を差し出すと、両手を重ねて「ちょうだい」をして受けとり、静かに頭をさげて「どうも」をしたのには驚きました。

「あらぁ、もう、ちょうだいができるの。おりこうさんだこと」

といっぱいほめてあげて、今度はわたしが、

「ちょうだい」

と言って赤ちゃんの前に両手を重ねて出すと、赤ちゃんは、わたしの手に玩具を乗せてくれたので、

「どうも」

と頭をさげて受けとりました。すると、赤ちゃんはわたしを見て、うれしそうに手をたたいて、「じょうずじょうず」をしてくれたのです。たぶん「ちょうだい」ができる度に、お母さんが「じょうず

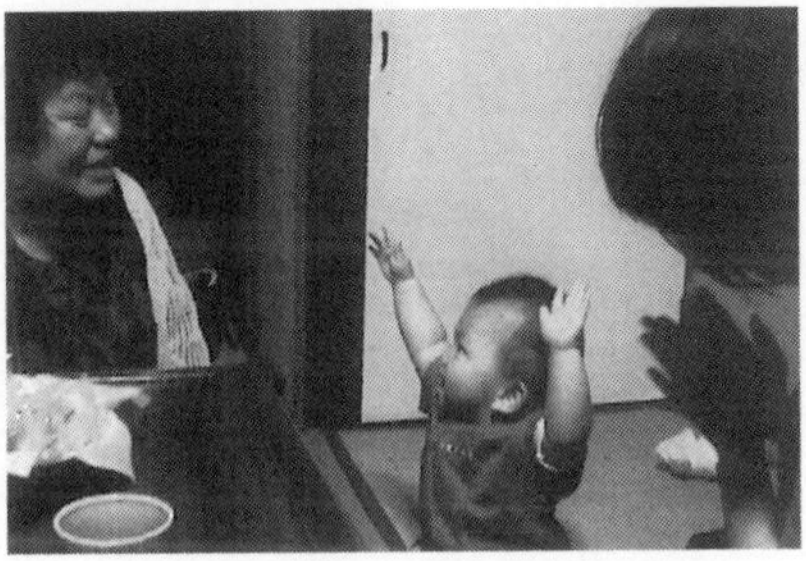

玩具で遊んでいてうまくいくと「ばんざい」をして喜ぶことを知っていた。こうした時にはいっぱいほめて共に喜ぶ。
八カ月

じょうず　じょうず」と言ってほめるから、それで「ちょうだい」ができたらほめると覚えて、「じょうずじょうず」をするんだなと、わたしはその時思いました。

ところが、お父さんが面白い音を立てて遊んで見せると、お父さんにも「じょうずじょうず」をやるのです。ちゃんと相手をほめるということを知っていました。また、玩具で遊んでいる時にうまくいくと、喜んで「ばんざい」をし、自分がうまくできた時には「ばんざい」をするということも知っていました。

次の日、また遊びにゆくと、赤ちゃんはすだれの向こうからわたしを見つけて、「いらっしゃい」というように、にこにこしながら「てんこてんこ」をして見せました。赤ちゃんは時々、「ほら、こんなこともできるよ」と言いたそうに、わたしの目を見ては、「にぎにぎ」とか「かんかんぶ」「あぷー」「いいお顔」などもやって見せてくれました。

一人遊びをしている時には、「れぇろれぇろ」の練習中だとみえて、舌の先を左右に動かしていました。「れぇろ　れぇろ　れぇろ」とうたってあげると、わたしと目を合わせて真剣に「れぇろれぇろ」をするので、わたしも赤ちゃんと一緒に「れぇろれぇろ」をして遊びました。

遊んでいても名前を呼ばれると「はぁい」と手を上げて動作で応える。

怒られることは分かっているが何が入っているか見たい。

赤ちゃんといっぱい遊んで、帰りに「あっあ」と赤ちゃんに言うと、お母さんに抱っこして、「バイバイ」と手を振り「さようなら」をしてくれました。

育ちがわかる（二）

昨年、民宿で遠野のわらべ唄の語り伝えを語らせていただいた時、隣の町から、もうすぐ二歳になるという男の子が、お母さんに連れられて遊びに来てくれました。人見知りをしないかわいい子で、

「お年は？」

と聞くと、男の子はまだ言葉をだせないのか、指を二本立てて見せました。もう少しで二歳だからと、おじいさんに教えてもらったばかりだそうです。

男の子は、赤いおもちゃの自動車をもっていて、自動車には指で押すと赤い明かりがつくようになっていました。男の子はその明かりのつけ方を知っていて、

「ほら、見て見て」

と言いたそうに、ぴかっ、ぴかっと何回もつけたり消したり、にこにこしながら得意になってやってみせました。

「頭なりなり」をして「ここまでおいしい」と動作で応えている。

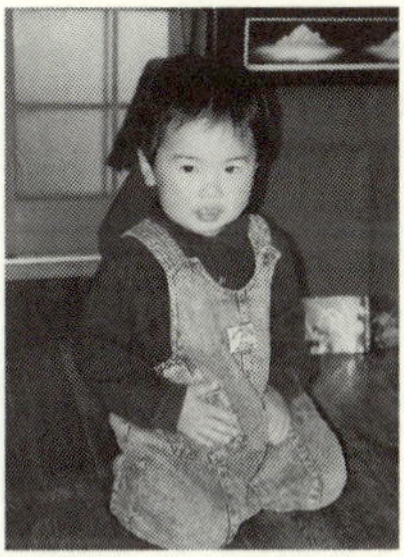

正座をして、相手の目を見て、話が聞ける。

初めて会ったばかりのまだ言葉を話せない小さい子が、わたしを信じて素直に動作で話しかけてくれたのです。

お人よしなのかなと思って、

「ちょうだい」

と言って両手を重ねて出すと、しっかりと赤いおもちゃの自動車をかかえて後ずさりをし、首を振って「いやいや」をしながら、わたしをじっと見ていました。そして悪いと思ったのか、わたしには小さい緑色のおもちゃの自動車を貸してくれたのでした。

みかんを食べている時に、もう一度、

「ちょうだい」

と言って、両手を重ねて出すと、やっぱり首をふって「いやいや」をしながら後ずさりをし、それでも困ったような顔をして考えていたようでしたが、急いでみかんを口へ押し込み、目を白黒させて食べてしまうと、自分が写っているアルバムをごきげんとりにめくって見せてくれたのです。泣かないで、精一杯考えて気取りをしてくれているのがよく分かり感心しました。

遠野には、額と額を合わせて押し合う「でんびおし」という遊びがあります。男の子に、

「でんび押しして」

空を見ることを教える。
「あ、なにか飛んでる」

自然に興味を持つ。稲穂を手にとって見ている。

と頼むと、「負けないぞ」というように、にこにこしながら寄ってきて、そおっとわたしの額におでこをくっつけると、ぐいぐい押してきました。足を踏ん張って押してくるので、しっかりしたその子の力を感じました。それからまもなく男の子は、お母さんの肩に寄りかかり、いきなりコロッと横になりました。そのまま眠るのかなと思って見ていたら、起き上がってお母さんに向かい、

「ばあ　じい　ばあ　じい」

とはじめて片言を言いました。

「眠くなった。ばあちゃんとじいちゃんのところに帰りたい」と、動作と片言でちゃんと自分の意志をお母さんに伝えているのです。

　帰る時にお母さんが、お客さんたちやわたしにあいさつをすると、その男の子も、こっくんこっくんとみんなに向かって頭をさげて、「さようなら」をして行きました。


　赤ちゃん（斎藤美悠ちゃん）も、男の子（吉田将騎ちゃん）も、遠野のわらべ唄そのままの子どもの育ちを見せてくれました。まだ話せない幼いうちから、動作と片言で自分の気持ちを伝えることができるように育てるのが、遠野のわらべ唄の育て方です。

第二章　赤ちゃんや幼い子をはやす唄

「人になるもとを身につける」

人にはやってはいけないことがたくさんあります。

子守は、赤ちゃんがやってはいけないことをしたら、「あぷっ」と言ってとめたり、「しゃーしゃーしゃー」と繰り返しはやしたてたりして、赤ちゃんに「やってはいけないことがある」ということを気づかせます。

やってはいけないことは絶対にやらない。こうした気持ちは、赤ちゃんの時から自分の気持ちの中に自分で育てていかなければならない気持ちなのです。

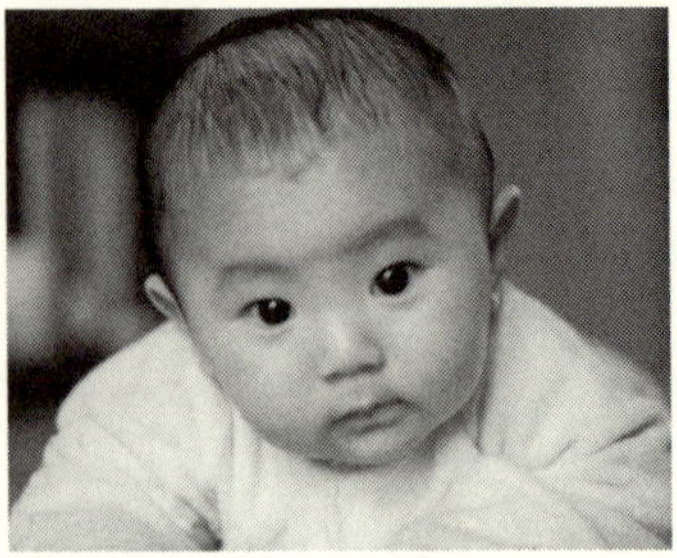

「あぷっ」と言われてこっちを見る。

「あぷっ」と言ってとめる

一歳前の赤ちゃんには、まず、「やってはいけないことがある」ということを気づかせることから始めます。

例えば、赤ちゃんが本を破いていたらすぐに、「○○ちゃん」と名前を呼んで、赤ちゃんがこっちを見たら、赤ちゃんと目を合わせて、「あぷっ」と言って怖い顔をしてみせます。

ふだんはやさしく遊んでくれるお母さんが、突然、怖い顔をするから、赤ちゃんはびっくりしてこれはいつもと違うと感じる。やってはいけないことをした時に、必ず赤ちゃんの目を見て、「あぷっ」と言ってやめさせるようにすると、これが、「やってはいけない」という合図になって、やってはいけないことがあるんだと、赤ちゃんも気づくようになります。

赤ちゃんには、まだ、何がしてはいけないことか分からないから、理屈を言ったり、怒って叩いたりするのは、赤ちゃんを怖がらせるだけです。赤ちゃんの目を見て「あぷっ」と言うことで、「駄目だよ」ということを伝え「続けさせない」ということを態度で見せるのです。

「あぷっ」と言ってとめたら、あとは知らん顔をして、かまって赤ちゃんは何も知らないで生まれてくる。そして、幼児の頃までは人として大事なことのもとになることを身につけてもらう。それから、頭にいっぱい知識を詰め込んで大人になり、自分の道を生きてゆく。これが昔からの人の生き方。

だが、このごろの子どもの育てられ方が違ってきた。子どもは自由な育てられ方をすると我慢をすることも、努力をすることも、勇気を出すことも、あまり身につかない。五感もおこしてもらえない。恥も感じさせてもらえない。それでも子どもは育てられ方を選べない。

やらない。そうすると赤ちゃんは、どうしたらいいか考えるようになります。その時大事なことは叱りっ放しにしないで、赤ちゃんの様子を見ています。そして、赤ちゃんがしょぼんとしたようなら感じたとみて、赤ちゃんの見ている前で、例えば、破れた本を張り合わせて見せて、「こんなことはしないんだよ」と言って、叱られたわけを見せます。そして、「あとはしないもな。おりこうさんになったんだから」と言って抱っこをしてやり、機嫌を直します。

一歳過ぎて、やってはいけないことをして、「あぷっ」と言ってとめられて、赤ちゃんがしょんぼりしたら、なぜ、叱られたのか分からせることが大事です。赤ちゃんが叱られたわけが分かったら、大人が、「あとはしないんだよ。ごめん」と言って頭をさげます。例えば、赤ちゃんがわざと障子に穴をあけた時は、「あぷっ」と言ってとめて、よけいなことは言わずに障子の穴をふさぎます。赤ちゃんはそうしたことを見せられ、お母さんにはものを言ってもらえないので、困ったようにしょんぼりします。そうしたら感じたとみて、すぐに、「分かったのね。あとはしないんだよ」と赤ちゃんの目を見て言って、「ごめん」と謝る動作をして見せます。

赤ちゃんはそうやって、何度となくやってはいけないことをして赤ちゃんがやってはいけないことをした時「あぷっ」と言ってとめると、お母さんの顔を見る。そして、お母さんの怒った顔の表情からいつもと違うと感じる。顔の表情というのは心と通じているから、相手の顔の表情を見れば相手の気持ちが分かる。

だから、赤ちゃんの時から人の表情を見るという癖をつけることが必要。

は、「あぷっ」と言ってとめられて、「ごめん」と頭を下げる動作をやって見せられているうちに、赤ちゃんにも謝る動作を真似ることができるようになります。

赤ちゃんは「やってはいけないことがある」ということが分かってくると、怒られそうなことをやる時には、叱られるかなというように大人の方を見ます。だから「あぷっ」と言うと「分かった」というように赤ちゃんは別のことをして遊びます。

「だめっ」と言ってとめる

言葉が分かるようになったら、やってはいけないことをした時には、「だめっ」と強い言葉で言って、子どもの目を見てしっかりととめます。赤ちゃんの時には、「あぷっ」と言ってとめた言葉を、「だめっ」という言葉にかえてとめるのです。

満二歳ごろまでは、どの子も言われたことを素直に守ろうとします。ところが三歳近くなるとだんだん大人の呼吸を見ることを覚えて、とめられるかな、それともとめられないかな、と思って大人を見ています。これは、大人がその日の気分でとめたり、とめなかったりするからなのです。

三歳を過ぎたら「ごめんなさい」と声にだして謝ることをやって見せて教える。

やってもとめられない日があると子どもに分かってしまうと、いつの間にか子どもはとめられることを恐れなくなり、とめる効果がなくなります。それればかりか「誰も見ていなかったらやる」ということを覚えます。誰が見ていようといまいと、やってはいけないことはやらないという人に育てなければなりません。だから、やってはいけないことをしたら「こういうことはやったら駄目なんだよ」という気持ちを込めて、「だめっ」と言って、子どものを見て、にらんでしっかりととめます。

三歳ぐらいになると、無理を通そうとして駄々をこねるようになりますが、「だめっ」と言ったら絶対に許さない。小さいからと子どもに負けて、「今度だけよ」とは言わないことです。

三歳を過ぎたら、「ごめん」ではなく、

「ごめんなさい」

と言葉にだして謝ることを教えます。子どもが、謝れば許されると簡単に思ってしまわないように、謝ることは恥ずかしいことだからやらないと思うことができるように、子どもの気持ちを育てることが大事です。

謝ったら必ずほめます。ほめる時には、「分かったのか。おりこうさんになった。おりこうさんになった」と子どもの目を見て、肌に

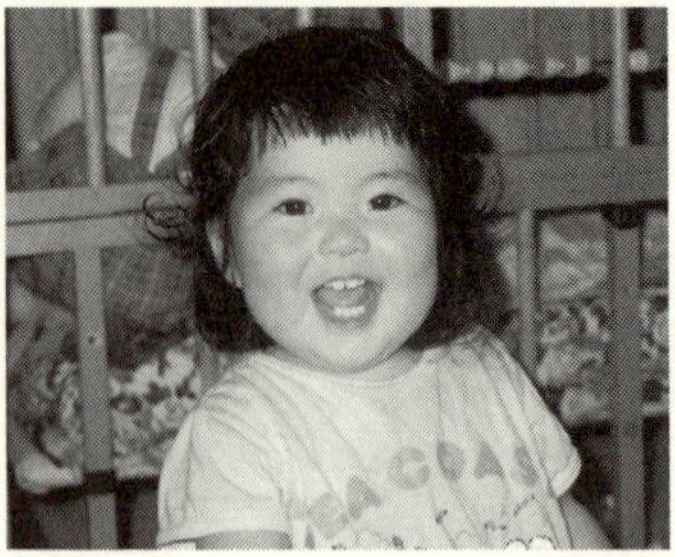

叱ったら子どもに叱られた訳を分からせて、分かったことをいっぱいほめてやる。その後で名前を呼ぶ遊びなどをしてやると子どもの気持ちが安定する。

さわってあげて、「分かってくれてうれしい」というほめる側の気持ちが伝わるようにほめてあげて、子どもの気持ちを安定させてやるようにします。

叱りっぱなしにすると、子どもはだんだん自信をなくしたり、いじけたりします。だから、必ず叱ったら分からせて分かったことをいっぱいほめることが大事です。

そうすると子どもは、悪かったと気づいて謝って、分かったことをほめられるから、「知らないでやってしまった。でも、謝って許してもらった。後はもうしない」と思うことができるのです。

そう思うことで「今度こそしっかりやるぞ」と頑張る力にもなるのです。親が子どもを叱った時、子どもが素直に謝ってくれると、「分かってくれたんだ」ととても嬉しいものですが、子どもにとっても、謝って許してもらったことは、自分を認めてもらったと安心できることなのです。こうしたことを繰り返して、親子が信じあう心を育てていきます。

やってはいけないことをとめないで育てると

わたしが子どもの頃までは、どこの家でもその家のおばあさんが子守をしたものでした。現在はどこの家でもお母さんが子どもを育

「今の子は叱られることをしないから叱ることがない」という人がいるが、叱ることがないから良い子ということにはならない。子どもに意欲がないから何もしないということもあるし、親が叱ることを見つけられないという場合もある。

　子どもはどんなことでも遊びにして楽しむ。やって、叱られてものを分かっていく。だから叱られることがない子は叱られることができる子にしてやらないとものを覚えられない。小さいうちは、やらせて叱って教える。


てていますが、こんな話を聞きました。

　あるお母さんが、「小さい子が障子に穴をあけたり、穴に手を入れて破いても、それは障子紙の性質について研究しているのだから、子どもの好きにさせた方がいい」という話を聞いてきて、自分の子どもに障子を裂くことを許したそうです。

　子どもは面白がって障子にぶつぶつと指で穴をあけ、そのうちにざりざりと破いたそうです。その家は、家の前が道路で人通りのある家なので、お姑さんは気が気じゃない。

　遠野では、障子に穴をあけている家は子どもに善いも悪いも教えていないとみたのです。だから障子に穴があいたら、すぐに貼って穴など見せないようにしたものでした。穴を貼った跡さえ気にして、「この間、おれぁ間違って穴つけてしまって」とわざわざ孫ではないと言い訳をしたりしたものです。

　ところがその家では、子どもの好きにさせたものだから、障子はガラスと同じように素通しになり、そのうちに、子どもは障子の骨を伝わってのぼって遊んだそうです。

　お母さんはそれでも止めさせない。だからお姑さんは、

「今のわらすだます（子育て）って変なもんだ。えげふたじゃげでなんねぇ（非常に恥ずかしくてならない）」

恥ずかしさはない方がいいという親がいる。もっと自分を出せといって子どもに我がままを許している親もいる。こうしたことは親にとっては理想だが、子どもにとっては現実になる。

世の中には恥を教えられて育っている人たちがたくさんいるのだから、恥を教えられないで育つと、笑われても気づかない人になるかもしれない。

と言って怒っていました。

子どもの欲求にまかせても、一、二カ月すればやめるから、待っていればいいということだそうですが、この子のように悪いと気づかない子もいるのです。「ダメ」と教えられていたらやらなかったことを知らないからやるのです。

子どもの欲求にまかせてやらせて、子どもが悪いと気がついてやめるのを待つという育て方をしたら、なかなか気づかない子もいるのです。そうした子どもは自分を抑える力が育っていないから、だんだん自分の気持ちを抑えられなくなったりするのです。

赤ちゃんや幼い子は、繰り返しとめていれば、やってはいけないことはやらなくなるものです。何も知らない子に自分でやめるのをまかせたら、子どもは自分をとめることが身についていないのですから、育つにしたがって自分に負けることもあり、親にもとめることができなくなったりするのです。

障子は破ったら駄目なものというように、世の中にはやっては駄目なことがあるのですから、赤ちゃんの時から、やっては駄目なことがあるということを教えて育てるのです。やったら駄目なことがたくさんありますが、一つひとつはとても教えきれません。だから赤ちゃんには、まず、「やったら駄目なことがある」と気づかせるこ子どもは、とめられるとやる気をなくすからとめない方がいいと言って、子どものやり放題にやらせている親がいる。

とめられれば別のことをやるのが子ども。とめられてやる気をなくすような子どもは大人になっても何もやらない。子どもは、悪いことをとめられて悪いことが分かり、よいことをしてほめられてよいことをしたと気づくからのびる。

とが大事です。

小さい子には、「やったら駄目なことは絶対にやらない」ということを、しっかりと気持ちに入るまで根気よく教えて育てます。

子どもはやったら怒られるのではないかと思って何もできないでいるよりも、やってはいけないことをしたら、すぐに、

「だめっ」

と言ってとめられて、

「そういうことをやったら駄目なんだよ」

とやったら駄目なわけを教えてもらえるのであれば、とめられたことはやらないようにすればいいのですから、子どもは安心して自由にのびのびと遊べます。

わたしが子どもの頃は、「こらぁ、崩れるから乗るなぁ」とか、「怪我するんだから危ねぇ真似すんな（するな）」

などと大人たちにしょっちゅう叱られながら、叱られることは教えられることと受けとってやらないようにしながら、次々と遊びを考えて跳ね廻って遊んでいたものでした。

叱ることは教えること

叱るということは、子どもをいじめたり、怒鳴ったりすることと

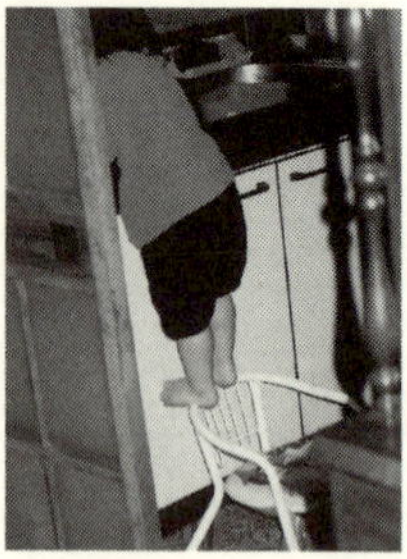

これはいたずらではない。水道の蛇口に届かないから椅子に上がって洗っている。
だが危ない。だから、「いいこと考えたね。でも、危ないからこういうことはだめなんよ」と言ったら素直に椅子からおりた。

は違います。やってはいけないことをとめること。善悪の判断を教えることです。

叱るということは、お互いに信じ合う心が育っていないとあまり効果はありません。だから大人は叱って教える前に、その子に信じてもらうことです。

大人はそれをよく分かって、自分の気分次第で怒鳴ったりしないで、いつも子どもに教えると思って叱る。そうすれば子どもは叱られることを教えられることと受けとり、叱られたことはやらないと思うことができるから、子どもの心は安定します。

言葉が分かるようになってから善悪の判断を教えようとしても、その頃は反抗期になって、親の言うことを聞かなくなるし、今まで許されていたのに叱られるのでは、叱られることが一つや二つではないのですから、子どもは混乱してしまいます。

だから、大人が善悪の判断基準をはっきり持って、まだ、何も分からない赤ちゃんの時から、無理なくゆっくりと、「叱られることは恥ずかしいこと」ということを、精神にしみ込むまで教えてやる。それが、昔から伝えられている叱るというやり方です。

失敗した時

赤ちゃんが、わざとやったのではないのに、当たったら障子が破れたとか、ものを壊してしまったような時。これはわざとやったのではない、失敗だから叱ることとは違いますが、気をつけなければならないことですから、赤ちゃんに向かって、繰り返しはやしたてます。

失敗をはやす時、ガラスの容器などを落として「ガシャン」と壊してしまったような取り返しのつかない失敗をした時には、

しゃー　しゃー　しゃー

と繰り返しはやしたてながら、赤ちゃんを少し離して座らせ、「大事な物が壊れてしまった」とさも残念そうに片付けます。

「しゃーしゃーしゃー」という言葉は、「困ったことをしてしまったな。どうする。どうする」という意味にとります。赤ちゃんには、そうした言葉の意味は分からないのですが、はやされることや大人が壊れた物を片づけるのを見て、やっては駄目なことをやってしまったと感じるのか、困ったようにしょんぼりします。そうしたら、

「しゃあ　しゃあ　しゃあ」とはやされ、困ったことをしてしまったことを感じている。　十カ月

「でも間違ったんだもな」
というと、ほっとしたように
にこっとする。
十カ月

「間違ったんだから、あとはしないもね。ごめん」
と頭をさげてみせます。すると、赤ちゃんはほっとしたように、「にこっ」としますから、やさしい顔で抱っこをしてやり、「おりこうさん、おりこうさん」と分かったことを、いっぱいほめてやります。

また、元に戻すことのできる失敗をした時、例えば、赤ちゃんが間違ってコップを倒して水がこぼれたような時には、

あぁあ　あぁあ　あぁあ

とはやしたてます。
「あぁあ　あぁあ　あぁあ　拭いて　拭いて」
と言いながら赤ちゃんにも布巾を持たせて拭かせて、拭き終わったら、「きれいになったね。これからは気をつけるんだよ。ごめん」とやさしく言いながら頭をさげて謝る動作をしてみせます。

失敗した時にも赤ちゃんに「ごめん」と頭をさげて謝る動作をして見せていると、赤ちゃんにもそのうちに謝る動作ができるようになります。

赤ちゃんに謝る動作ができたら、いっぱいいっぱいほめてあげて

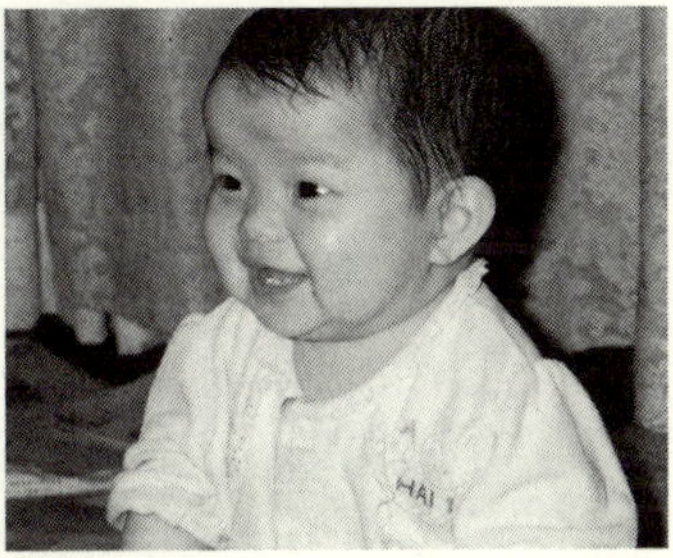

失敗をした時にも謝る。謝る動作ができたらいっぱいほめてやる。ほめられれば許してもらったと感じて気持ちが落ち着く。こうした気直しが大事。

気直しをしてやります。ほめられれば、許してもらったと感じることができるから、気持ちが楽になるし、もうしないという気持ちになります。叱られたことはもうやらないと、子どもが思うことができるようなほめ方をするのです。

子どもは何度でも失敗を繰り返します。そのたびに叱られて、「悪かった」と感じて、だんだんへまをやらなくなるのです。

ちょっと間違ったことをしてしまった時には、

「あぁあ」

とか、

「しゃあ　しゃ」

と軽く一度か二度はやしたてます。こうした言葉は「気をつけなさい」と注意する時に使います。赤ちゃんは、こうした言葉をちゃんと聞きわけるようになります。

赤ちゃんはだんだん動き廻り、目が離せなくなります。でも、赤ちゃんがゴミ箱をひっくりかえしたぐらいで大騒ぎはしないこと。それは間違いか、好奇心かのどちらかなのですから、

「あぁあ　あぁあ　あぁあ　拾って　拾って」

と言って紙くずを拾わせれば、紙くずはゴミ箱に入れるものと覚えます。

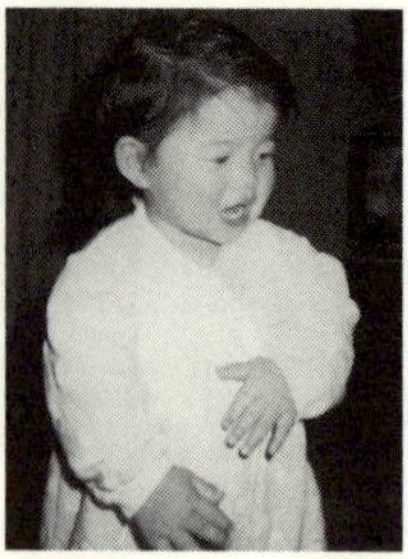

誰かの失敗も分かり、まだ言葉にだして言えないので、心の中で「あぁあ　あ」といっている。

一歳十カ月

赤ちゃんが、物を壊すことは悪いことだと感じるようになると、大人が間違って、「ガチャン」と何かを落として割ったような時に、大人の側に来て、

「しゃー　しゃー　しゃー」

と言いたそうな顔をして見ているものです。そうした時には、赤ちゃんに、「ごめんなさい」と頭をさげて謝るようにします。悪いことをしたら謝ることを態度で教えるのです。

叱られることも、はやされることも、恥ずかしいこと

子どもが、「だめっ」と言って叱られているのを見た別の大人が、鼻のわきに手を当てて、こするように上下させながら、

ぺちょ　ぺちょ　ぺちょ

と繰り返しはやしたてました。「ちょぺ　ちょぺ　ちょぺ」ともはやしたてますが、これはどっちも「やあい　やあい　怒られた」という意味です。

叱られるだけだと悔しかったり、惨めだったりするだけですが、

失敗して、はやされて、困ったことをしたと感じている時によその人に「ぺちょぺちょぺちょ」とからかわれるとものすごく恥ずかしい。

こうして一人には叱られ、もう一人には、はやしたてられると、ものすごく恥ずかしかったものでした。

こうしてからかうことで、叱られて落ち込んでいる子どもの気持ちを直してやりながら、「叱られることは恥ずかしい」という気持ちを起こさせたのです。

はやし唄は、はやされたら恥ずかしいと感じる唄ですが、はやされると、はやされたくないという気持ちになります。転んだらすぐ起きあがるのと同じことで、はやされたらはやされたくないと、すぐに感じることが大事です。

外で遊んでいて叱られた時にも、通りがかりの大人が、

「ぺちょ　ぺちょ　ぺちょ」

とはやしたてました。失敗して、「しゃー　しゃー　しゃー」とはやされている時にも、よその大人が、

「ぺちょ　ぺちょ　ぺちょ」

と言ってからかいました。

また、遊んでいる時に転んだり、遊びの鬼になった時にも、泣いていて泣きやんだ時にも、よその大人に、

「ぺちょ　ぺちょ　ぺちょ」

と繰り返しはやしたてられました。そうすると、家の人にはやされ

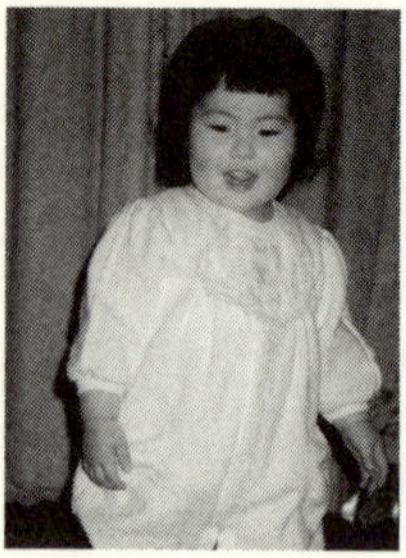

小さいうちに失敗も恥ずかしいことと分かると相手の失敗も分かるし、自分も失敗しないように気をつける。

た時より何倍も恥ずかしかったものでした。

家の人にはやされた時には甘えがありますが、よその人にはやされると、「駄目な奴」と言われているようで、「もう絶対にはやされたくない」という気持ちになったものです。

子どもは地域のみんなが育てる

よその子が、やってはいけないことをしているのを見たら、

「だめっ」

と言ってとめたり、恥ずかしいことをしていたら、

「ぺちょ　ぺちょ　ぺちょ」

と言って、自分の家の子と同じようにからかいました。こうしたことは地域の大人同士がお互いにやってあげることだったからでした。

家では、やってはいけないことは絶対やらない良い子なのに、よそではいたずらをしたり、意地悪をしたりする子も、たまにいたものです。

そういう子をしつけるには、よその人にも手伝ってもらわなければできません。だから、大人はよその子がやってはいけないことをしているのを見たら、親と同じにその場で、

「だめっ」

昔は地域ぐるみで子どもを育てた。外で叱られた時そばを通りかかった大人が、「ぺちょぺちょぺちょ」とはやして通った。

するとは祖母は「あれぁ、笑ってってたが、しょすぐねぇが（恥ずかしくないか）」と言った。

私はものすごく恥ずかしくて「後は絶対はやるもんか」と思った。

今の大人はよその子を叱らない。注意もしてくれない。親がそれを怒るから。


と言ってとめて、やっては駄目なことをしたと気づかせ、やっては駄目なわけを教えたのでした。また、恥ずかしいことをしていたら、

「ちょっ　ちょっ　ちょっ」

とはやしたてて、恥ずかしいという気持ちにさせ、「こういうことは、人に笑われる恥ずかしいことなんだよ」と言って、どういうことが恥ずかしいことかということを、子どもに感じとらせる手伝いをしたのでした。

孫が、よその人に怒られたことを人伝いに聞くこともありました。そういう時には家族が、孫を叱ってくれた人に、

「この間は、おら家の孫が教えてもらったそうで、ありがとうござんした」とお礼を言ったものです。

そういうことは、よその人でなければできないことだと分かっているのですから、孫に注意してくれたことを、心から有り難いと思えたのでした。

なぜ、叱られたことを恥ずかしいと感じさせるのかといいますと、

「だめっ」

と言ってとめていると、小さいうちは叱られるのが恐いから、下を向いて我慢をしますが、十四、五歳になると、「だめっ」は恐くなくなり、

「あいつだってやってるじゃないか、どこが悪いってよ」

誰にだって失敗はある。失敗してものを覚えてゆく。だが、失敗ばかりしていては笑われる。

人に笑われるということは恥なことだから人に笑われないようにするためにどんなことが恥じなことかということを知ることが大事。それを教えるのが、こうしたはやし唄。


と人を引き合いに出すようになります。

そうなったら、なかなかとめても言うことを聞きません。親もとめられないし、自分にも自分がとめられなくなるのです。

だから小さいうちから、「あぷっ」とか、「だめっ」と言って叱ってとめて、とめられたことをからかって、恥ずかしがらせて、「恥ずかしいことだからやめよう」と思わせるようにしたのでした。

子どもでも、恥ずかしいことだと感じれば続けたりはしないものです。「叱られることは恥ずかしいことだ」と思うことができれば、いくつになっても自分で自分をとめることができるのです。

子どもは信じている人に叱られたり、はやされたりして、言われたことがはじめて心に入りますから、子どもを叱る前に、子どもに信じてもらうことが大事です。

子どもは、いくら言って聞かせても泣きやまない時もありますし、人の物を黙って盗ったり、ほかの子をねちねちといじめたりすることもあるものです。

そういう時には目を見て厳しく叱って、やっては駄目な訳をしっかりと教えて分からせることです。信じている人に厳しく叱られたことは、一生忘れないものです。そうしたことを善悪のけじめとして生きていくことができます。

赤ちゃんのおむつを替える時、大人がろくにものを言わないで、そっちに転がしこっちに転がしやると、赤ちゃんはかたくなって堪える。
だから、赤ちゃんが自分で体を動かせるようにいつも同じ唄と言葉をかけてやりながら、おむつを替えてあげるようにする。
赤ちゃんは、決まった唄や言葉を聞きわけて動けるから、気持ちよくおむつを替えてもらうことができる。

おむつを替える時に身につける

おむつを替える時

赤ちゃんのおむつを替える時が、一番大事な時なのだと言われていました。赤ちゃんのおむつを替える時、この時が赤ちゃんと本気で向かい合う時であり、生きていく時に大事なことを身につける時だからです。

赤ちゃんのおむつを替える時には、まず、

「ねんね」

と言って、赤ちゃんを寝かせます。そうしたら、赤ちゃんに向かって舌の先を上唇に沿って小刻みに左右に動かしながら、

「れぇろ　れぇろ　れぇろ」

と声をだして、赤ちゃんの気を引き正面を向かせます。そして、

「いたぁー」

と言って、赤ちゃんをのぞき込むように顔を近づけながら笑いかけると、赤ちゃんはしっかり正面を向き、機嫌よく笑います。

お乳をもらって飲む時には、安心してゆったりとした気持ちでいるのですが、おむつを替えてもらう時には緊張して堅くなりますから、こうして気持ちをほぐしてやるのです。

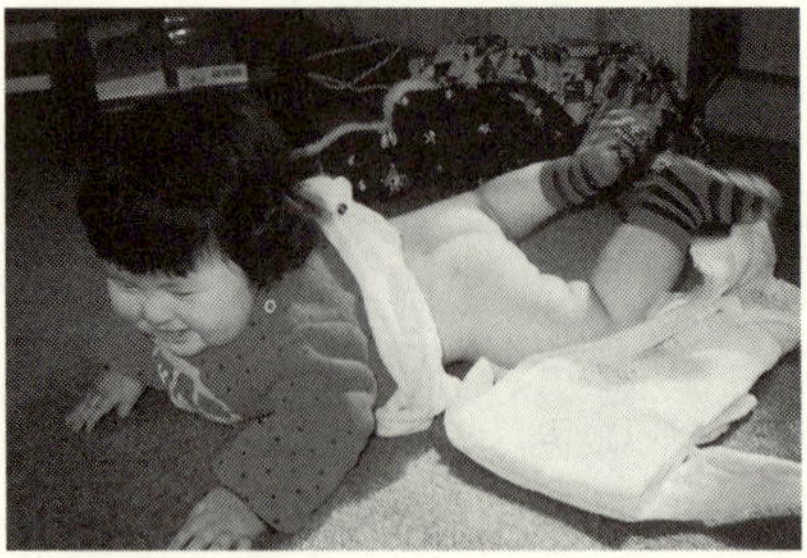

おむつをあてる時は、逃げ出すことを絶対に許さない。

それから鼻をつまみ、顔をしかめて赤ちゃんの目を見ながら、

くせぇ　くせぇ　くせぇ

と繰り返しはやします。これは、おむつを替える時の合図で、「臭いからおむつをとり替えましょうね」ということを赤ちゃんに知らせることです。おむつを替える度にいつも「くせぇくせぇくせぇ」と繰り返しはやされると、赤ちゃんにも、「おむつをとり替えてもらえるんだ」と分かって、替えてもらう気持ちの準備をします。

大事なことは、汚れたおむつをとる時には、赤ちゃんに向かって、「きれいにしてあげるからね」といつも語りかけて、赤ちゃんを安心させることなのです。よけいな言葉を言わないで、

「くせぇくせぇくせぇ　きれいにしてあげるからね」

と同じ言葉だけを語りかけながら替えてやるようにします。

赤ちゃんの足がふっくらと太って、しっかりしてきたら、足を持っておむつを替える時には、

「あんよをあげて」

と声をかけると、自分でぱっと足をあげるようになるから、赤ちゃ

おむつを替えたらきれいになったことを赤ちゃんに知らせ、お尻はいつもきれいにしておくところと教える。そうすると赤ちゃんはおしっこがしたくなった時、うんちがしたくなった時に、困ったような恥ずかしいような顔つきをしたり気張ったりするからすぐ分かる。

顔の表情とか態度で知らせるから見逃さないようにしてあげるとおむつを早く外すことができる。汚いもののようにおむつを替えていると子どもはだんだん物陰に隠れてやるようになり気持もいじける。

んの足をもちあげて、

「ハイ、おしりをあげて」

と声をかけてやります。すると赤ちゃんは、腰を浮かしたりしてちゃんとおむつを替えやすくしてくれるものです。そうしたら、

「おりこうさん、おりこうさん」

と協力してくれたことをいっぱいほめてあげます。

また、おむつをとり替えたら必ず、

「きれいになった。きれいなった」

と赤ちゃんの目を見て、お尻がきれいになったことを赤ちゃんに知らせます。赤ちゃんは、おむつをとり替えてもらって気持ちがいいし、きれいになったと教えられると、お尻はいつもきれいにしておくところと覚えます。

赤ちゃんにとって、おむつを替えてもらうことは日に何度かやらされることです。いつも決まった唄や言葉で楽しくやるようにすれば、赤ちゃんは、今、なんと言われたのか分かるから、その通りに動けるようになるのです。それがおむつを替えてくれる人との信頼につながります。

このように赤ちゃんが、言われた言葉に合わせてやるということは、赤ちゃんが言われた言葉の意味を感じとって、自分の気持ちを

遊びとおむつをあてる時の区別を教えると、赤ちゃんは自分で足とかお尻をあげて、おむつ交換を手伝うようになる。

動作で表すことができるということです。遊び唄なら、相手の唄に合わせて動作を真似ればよいのですが、はやし唄は、言われた言葉の意味を感じとり、自分の気持ちを動作で表さなければならないのです。だから赤ちゃんにとっては難しいことですが、同じ唄や言葉を繰り返してやっていれば、ちゃんとできるようになるものです。

気持ちも体ものびのびのび

赤ちゃんのおむつを替えた時、お尻が湿っていますから、「風っこにあてる」といって、少し乾かしてやります。その時に、赤ちゃんと「よっこよっこ」をして遊びます。

三カ月ぐらいまでの赤ちゃんは、足を縮めていますから、もものあたりを人差し指でとんとんとんと軽くたたきながら、

よっこ　よっこ　よっこ

と繰り返しうたい「のびのび」をさせます。そうすると赤ちゃんは、足をぴいんと伸ばして気持ちよさそうにのびのびをします。

赤ちゃんの足がふっくらとふくらんで太ってきたら、赤ちゃんの膝のところを軽く揺らしながら、「よっこ　よっこ　よっこ」とか

「のび　のび　のび」とうたってやります。

「よっこ　よっこ　よっこ　大きくなった、大きくなった」と声をかけると、ありったけのびのびをしてみせますから、本当に大きくなった感じがするものです。これは、赤ちゃんがおむつを替えてもらうあいだ緊張した気持ちをほぐして、気直しをしてやる遊びでもあります。また、「よっこよっこ」は赤ちゃんにとって体操にもなりますし、大人との遊びであり、気持ちのやりとりでもあります。

「のびのび」をして遊んだら、

ちょつ　ちょつ　ちょつ　（笑止、恥ずかしい）

とはやしてからかい、「笑われるんだから、お尻を隠して隠して」と言っておむつをします。赤ちゃんは「あ、そうだった」というように素直におむつをしてもらいます。

こうしたことを、赤ちゃんのおむつを替える度に繰り返していると、赤ちゃんにもお尻を出すのは恥ずかしいということが分かって、「ちょつ　ちょつ　ちょつ」

とはやされると、きまり悪そうにお尻を隠すようになったものです。

お風呂上がりの裸は気持ちいいが、いつまでも裸でいたら「ちょつちょつちょつ」とはやして裸を見られるのは恥ずかしいと教える。

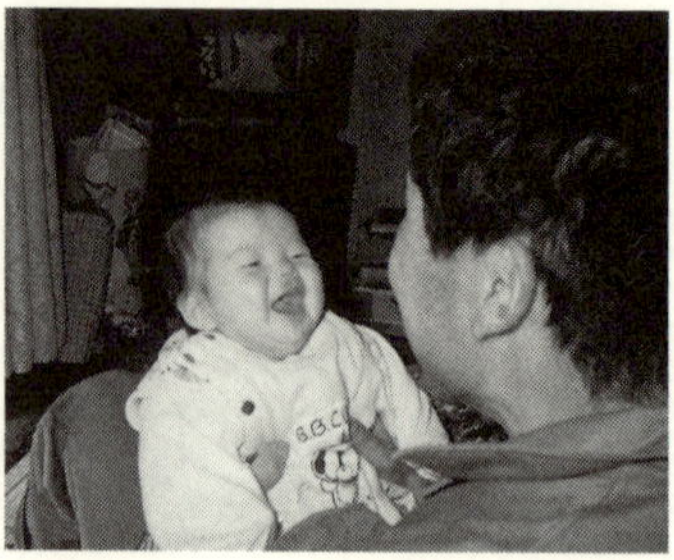

「こちょこちょ」をされて笑っている。笑ったら上機嫌。体も気持ちも健康な時。

なぜ、くすぐるの

おむつを替えてさっぱりしました。おむつを取り替え終わったら「あー、きれいになったね。気持ちいいでしょう」とほめてやります。おむつを替えてもらう前と、替えてもらってさっぱりした感じを「きれいになった」という言葉で、赤ちゃんに感じとらせます。これは「お尻はいつもきれいする」ということを赤ちゃんに分からせるためです。この気持ちを一生大事にするのです。

「のびのび」をしてもらい、「きれいになった」とほめられると、赤ちゃんは気持ちも体もゆったりします。こうした時にいきなり、

こちょ　こちょ　こちょ

と赤ちゃんの腋の下を二、三度くすぐってやります。すると赤ちゃんは、くすぐったそうに体を縮めてケタケタッと笑います。この「こちょこちょ」は、おむつをとり替えるたびに毎回続けます。赤ちゃんが苦しくなるくらい際限なくはやらないこと。

赤ちゃんはそのうちに、くすぐる動作をしてうたいかけるだけで、くすぐったそうに体をよじらせて笑うものです。

「こちょこちょ」をしてやって、赤ちゃんが笑ったら上機嫌で体

も気持ちも健康な時だと分かります。嫌がるようだったら風邪をひいたのか、おなかが痛いのか、おむつがきついのか、嫌がる原因を確かめます。おむつを替える時には、赤ちゃんの便の色からも赤ちゃんの健康状態が分かりますが、こうしたおむつを替えるたびに毎回やってあげる「こちょこちょ」の遊びからも、赤ちゃんの体調が分かります。

「こちょこちょ」の遊びをすると、赤ちゃんの体も気持ちもキュッと締まります。だから特に女の子には、おむつを替える度に、かならず、やってやったものでした。

裸になるのは恥ずかしい

赤ちゃんは裸になると気持がいいから、歩けるようになると、お尻を丸出しにして跳ね回ることを喜ぶものです。そういう時には、きりなし裸にしておかないで、「それは恥ずかしいことなんだよ」という言葉のかわりに、「ちょっ　ちょっ　ちょっ」とはやしたてます。そういってはやされると、急いでおむつをしてもらったものでした。少し大きくなっても裸で跳ね廻ったりりしますから、

「笑われるんだよ。早く早く、隠して隠して」

と言ってお尻を隠すことを教えました。裸の時以外も、お尻が見え

恥を感じることができなかったらなんぼ我慢、努力、勇気といったものを身につけても自分の恥に引き落とされて役には立たない。

　その人のすべてを見てその人を評価するのだから、恥とはどういうことかよく分かって自分を落とさないようにやっていかなければならない。

　そのために赤ちゃんの時から恥ずかしさを感じさせて育てる。


ている時がありますから、そういう時には、

めぇる　めぇる　めぇる

とはやしたてました。「めぇる　めぇる」とは「見えるぞ　見えるぞお尻が見えるぞ」ということ。こうしてお尻は隠すもの。お尻を人に見られることは恥ずかしいと教えたのです。

　このようにして赤ちゃんの時から、「お尻はきれいにしておくところ、お尻を出すのは恥ずかしい」と教えるのは、人間にとって大事な羞恥心を育てるためです。

　人間は恥ずかしいという気持ちを持たないと、心が動かないから伸びない。羞恥心は心のけじめ。恥ずかしさを忘れてしまうと、生活も気持ちもだらしがなくなるものなのです。

　羞恥心はもともと持って生まれてくると言われていますが、それを育てなかったら生きてこないものです。

　だから昔の人たちは、赤ちゃんの時から、「お尻はきれいにしておくところ」、「お尻を出すのは恥ずかしい」と教えたのでした。その一番の土台になるのが、性的な羞恥心だと言われていました。

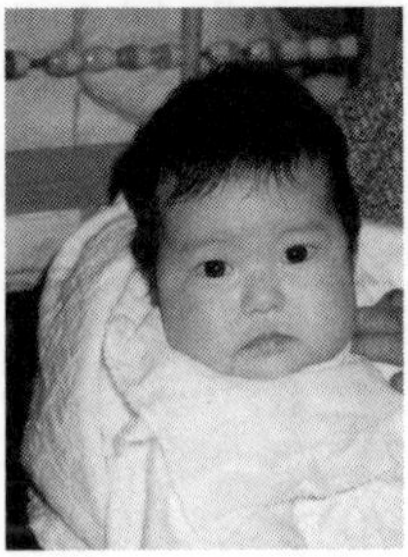

赤ちゃんだって泣き声を聞きわけてもらえば泣かない。

意地を持たせる

赤ちゃんが泣いたら

赤ちゃんにとって、泣くことは話し言葉です。

泣き声で「いやだよー」とか、「痛いよー」というように自分の気持ちを訴えたり、体の異常を知らせたりしています。それなのに、

「おお、よし　よし　よし」

と言って抱いたり、揺らしていたりしたのでは、

「黙れ　黙れ」

と赤ちゃんの気持ちを抑えることになり、赤ちゃんが、何を言っているのか聞くことができません。もしも、病気だったら大変です。

赤ちゃんが泣いた時には、できるだけ早く、赤ちゃんの泣き声を聞きわけることが大事です。

赤ちゃんが、お乳を欲しい時にはどう泣くか、おむつが汚れた時にはどう泣くか、不満な時にはどう泣くか、体の調子がよくない時にはどう泣くか、といった赤ちゃんの泣き声を早く聞きわけるようにします。

いつも赤ちゃんを見ていれば、今、赤ちゃんはお乳を飲みたいのか、抱っこをしたいのか、体具合がよくないのかというように、赤

ちゃんの泣き声とか態度、顔の表情などから分かるものです。

赤ちゃんは、お乳が欲しくなると、あたりの布に吸いついて、おなかが空いたという動作をしますから、泣く前にお乳をやります。

おしっこをする時は、口をつぼめてじっとしています。それから不機嫌になり、泣き出しますから、泣く前におむつを替えてやります。

赤ちゃんを眠らせる時には、赤ちゃんが自分で乳首を離すまでいっぱい飲ませて、おむつを替えてから、子守唄をうたって聞かせて眠らせます。

不満があって泣いている時には、抱っこをしてやり、居場所をかえながら、

「ほら。時計だよ」とか、

「お花きれいだねえ」

などと話しかけながらそのものを見せてやり、赤ちゃんの気を変えてやるようにします。

赤ちゃんが望んでいることを分ってそれに応えてやれば、赤ちゃんは不思議なくらい泣かないものです。

赤ちゃんがお乳をいっぱい飲んだら「ぷっつん」「ハイ、ぷっつん」と言ってお乳から離した。赤ちゃんをお乳から離したら「ねんね」と言って寝せて子守唄をうたって眠らせた。赤ちゃんが目を覚ましそうになったら「いたいたいた」とやさしく声をかけてやると安心して眠った。

大人が気分次第でおんぶをしたり、だっこをして揺らしたりして眠らせると、そういう癖がついて、赤ちゃんはそうやってもらうまで眠れなくなる。

泣くことは恥ずかしいことだと教える

お座りができるようになったあたりから、やってはいけないこと

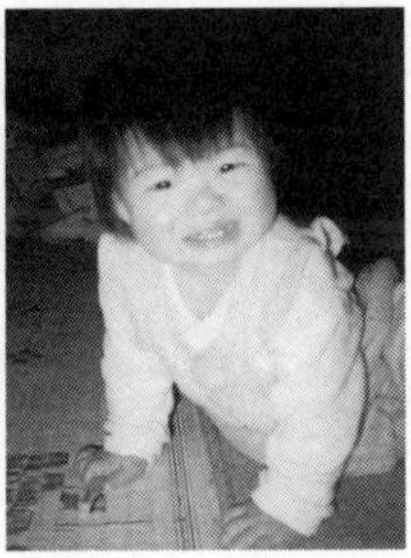

ハミガキがいやだと泣きそう。頑張れ、頑張れと励まされるので泣くこともできない。

をやって、

「あぷっ」

と言ってとめられて、泣きそうになったら、

「泣かないんだよ。笑われるんだから」

と言って、泣くことは恥ずかしいことだと教えました。それでもべそをかいたら、「泣くことは恥ずかしい」などと言葉で言わないで、

なっく　なっく　なっく（泣く）

と繰り返しはやしたてててからかいました。こうして泣きそうになったらからかってはやしていると、赤ちゃんはだんだん泣かないで我慢をするようになったものです。

泣いてしまったような時には、泣きやんだ時に、

ちょつ　ちょつ　ちょつ

と繰り返しはやしたてました。からかって、恥ずかしがらせて、「泣くことは恥ずかしいことなんだ」と赤ちゃんに感じとらせるようにしたのです。赤ちゃんは、やってはいけないことをやって、

ハミガキができなくて泣きべそをかいていた子が頑張ってできるようになった。
頑張ることを体験して頑張ることが身についていく。

「あぷっ」と言ってとめられていると、だんだん困ったようにうつむいて考えます。こうした時に、側で見ている他の大人が、鼻のわきに人差し指を当てて上下させながら、

ぺちょ　ぺちょ　ぺちょ

と繰り返しはやしてからかいました。

「やあいやあい　叱られた」とからかう意味です。こうしてはやしてられると、赤ちゃんは泣きべそをかいていても、じっと我慢をして、泣かなかったものでした。赤ちゃんが泣くのを我慢したら、

「強くなったね。おりこうさん」

と我慢したことを、必ずほめてやることを忘れないようにします。

　小さい子は泣きそうになると、

「なっく　なっく　なっく」

とはやされるし、泣けば恥ずかしいという意味で、

「ちょっ　ちょっ　ちょっ」

とはやされたり、

「ぺちょ　ぺちょ　ぺちょ」とか「ちょぺ　ちょぺ　ちょぺ」と言ってからかわれるから、だんだん我慢をするようになったものでした。

「鳴いた烏」とは泣いた子のこと。汚い手で涙をぬぐいながら泣いていると涙で顔中汚れる。そうした汚れた顔と、うるさく泣いていた子どもをさして「鳴いた烏」といっている。
大人は子どもが泣きやむのを待っていて泣きやんだらこうやってはやしてからかった。からかわれると「鳴いた烏」とは自分のことだということを幼い子でも感じとって恥ずかしがるようになった。

はやされても、泣かないで我慢する子は我慢強い子。めさっと泣く子はいくじなし。意気地のない子は意地を持たせてやらなければならないというので、泣けばはやしたてて、なだめたりはしませんでした。はやされることは負けたこと。

だから、いくら泣いても大人はとめてくれないので、子どもは自然に泣きやむのですが、泣きやんでもすぐに遊ぶ子はいません。困ったように格好悪くしていますから、そうした時には子守が、

泣いたカラスが
ちょっと笑った

とはやしました。すると、はやされて、恥ずかしくて、逃げる子もいるし、恥ずかしくて抱きついてくる子もいました。とにかくこの唄をきっかけとして小さい子は動きだしたのでした。

幼い子が泣いたら

赤ちゃんが泣きたい時に抱っこをして揺らすと、自分の気持ちを表すことができないのと同様に、幼い子が泣きたい時になだめられたり、機嫌をとってもらったりしたら、大声で泣くことは恥ずかし

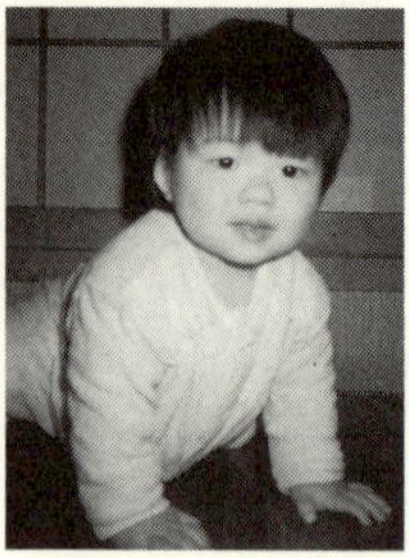

泣きやむのを待っていて、「泣いた烏が…」とうたってからかうと泣くことを恥ずかしがるようになる。

いことだとか、悔しいことだと感じることができません。

幼い子が泣いたり、泣きそうになったら、すぐになだめるのではなく、泣く理由を知った上で、大声で泣くことは恥ずかしいことだとか、悔しいことだと感じることが大事です。

人はぐっと堪える意地がなければなりません。

ぷんと機嫌を悪くしたり、泣いたりするようでは、ますます人にバカにされます。

「あいつは駄目な奴だ」

とみんなに見られると、聞きたいことも聞かせてもらえず、

「あいつは、いいんだ」

と思われて誘ってもらえなくなります。

だから、みんなと一緒に楽しくやってゆける人に育てるためには、泣いてもやたらと機嫌をとったりしないで、「我慢しなければならない」とか「泣くことは恥ずかしい」という気持ちをもたせるためにはやしたてたのでした。

こうした小さい子をからかってはやす唄は、ふだん、大人はその子とよく遊んで、子どもになつかれていてはやすことが大事です。

子どもは、信じていない人の言葉には、心を閉ざしてしまうものです。子どもは、信じている人にからかわれるから、恥ずかしさを

幼い子が転んだら「ごろりやまー」と言って、行司のように手をあげるとあわてて起きあがる。

感じることができるし、直す気持ちになれるのです。

泣く子をはやす唄

幼い子は転びやすくて、ものにもつまずいて転んだり、跳びあがって遊んでいて転んだりします。そうした時に、転んだとたん、

ごろりやまぁー　（ごろり山）

と言って行司のように手をあげると、子どもは泣くのをぐっとこらえて一人で起き上がるものです。大人は幼い子を相手に相撲の真似をして遊びましたが、そうした時に、負けた大人が自分で、「ごろりやまぁー」と唱えました。時には幼い子を転ばして「ごろりやまぁー」と唱え、「やあい　やあい　負けた　負けた」とはやしたてました。幼い子はこうしたことから感じとって、転ぶと「負けたくない」という気持ちで起き上がるのだと思います。

おいちにのだるまさん
屁っこ　ぷんと　たれた

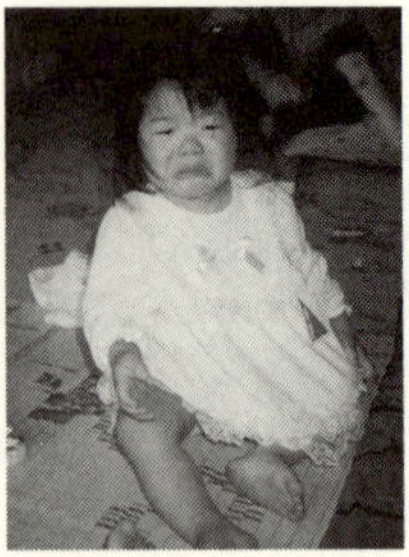

怒るママの方が悪いと言いたくて言葉が少ししか言えないから「ママあぷっ」と言って怒りながら泣いている。小さくても言い分がある。

幼い子は「一、二の三」とはずみをつけて跳び上がって遊びます。

そうした時に、間違って一発放ってしまうことがあります。するとせっかく機嫌よく遊んでいたのに、気の毒なほどしょげてしまったり、急に機嫌が悪くなってぐずりだしたりします。

だから、しょげる子にはちょっとはやしてからかい、

「失敗しちゃった」

と笑って分からせるようにしました。

また、おならをしてもぜんぜん平気な子には、たとえ失敗でも、人前でおならをするの恥ずかしいことだということを教えるために、何度もうたってからかいました。

烏ぁ　があがあって
がが（母親）　呼ばった
とんびぁ　とうとうって
とど（父親）　呼ばった
雀ぁ　ちゅんちゅんって
すっこ（おしっこ）　たれだ

幼い子は夕方になると、田畑から戻らない父や母を恋しがってむ

ずかることがありました。そうした時に子守はこうはやしてからかいました。この唄は、烏とか鳶、雀などを見かけた時にも、子守は幼い子にからかい唄としてうたって聞かせました。

　幼い子はみんなにはやされる一方ですから、「すずめぁ　ちゅんちゅんって　すこたれだ」とうたう言葉を、雀に向かってうたうのを喜んで聞き、真似をして子守と一緒にうたいはやせるようになったのでした。けれども子守は、幼い子がおもらしをした時にも、

「すずめぁ　ちゅん　ちゅんって　すこたれだ」

と繰り返しうたって幼い子をからかいました。すると、幼い子にも「すずめ」とは自分のことだと分って嫌がったものでした。

泣きびっちょ　こびっちょ
家さ　行って　飯食ぇ
まだ　魚ぁ　焼けねぇ
うんと泣け　うんと泣け

　幼い子はだんだん知恵がついてきて、かまって欲しくて泣きやまなかったり、何か欲しいとか、嫌だとか言ってだだをこねて泣いたりします。そういう時は訳を言って聞かせて、それでも泣くならこ

なきびっちょ（泣き虫）
こびっちょ（小さい子）
えさえってまんまけ（家に行って飯を食え）
まだごっこぁやけねぇ（まだ魚が焼けない）
うんと（たくさん）（泣け泣け、うんと泣け）
「お前は泣き虫だから、ちょっとのことも我慢できないですぐに泣く。そんな泣き虫は、泣け、泣け、いつまでも泣きたいだけ、泣いていろ」ということ。

ういって繰り返しはやしたて、あとは泣きたいだけ泣かせました。

幼い子は何度となくはやされているうちに、いくら泣いてもかまってもらえないということが自然に分かって、あとはこの唄を聞いただけで泣きやむようになったものです。我慢ができなくて泣く時には、泣かせて、考えさせるようにしたのです。幼い子でも、かまってもらえないことで考えるから、気持ちを切り替えることを覚えます。それを待っていて「泣いた烏がちょっと笑った」などとはやしてからかうと、恥ずかしがって逃げ出したものでした。

やけろ　やけろ　ごしぇぁやけろ
やけろ　やけろ　ごしぇぁやけろ

思い通りにならなかったり、からかわれたりすると不機嫌になります。このように怒りっぽくて、すぐに機嫌を悪くすることを「ごしぇやく」と言います。そうした「機嫌を悪くした子」や「すねて今にも泣きそうな子」に、こういって際限なくはやしたてました。

子どもの機嫌をとったりしないで、「ごせ妬け　ごせ妬け（怒れ怒れ）」と突き放す。そうすると機嫌を直さなければますますはやされるということを子どもは感じとって、そのうちむやみにごせをやか

「焼けるのが待ちきれなくなったら、自分で歌え」と祖母に教えられて、いろりのほどに入れたジャガイモとか栗が焼けるのを待ちながら「やけろ　やけろ…」とうたった。

するとと焼けるのを待つのが楽しかった。たまには祖母も一緒にうたってくれた。

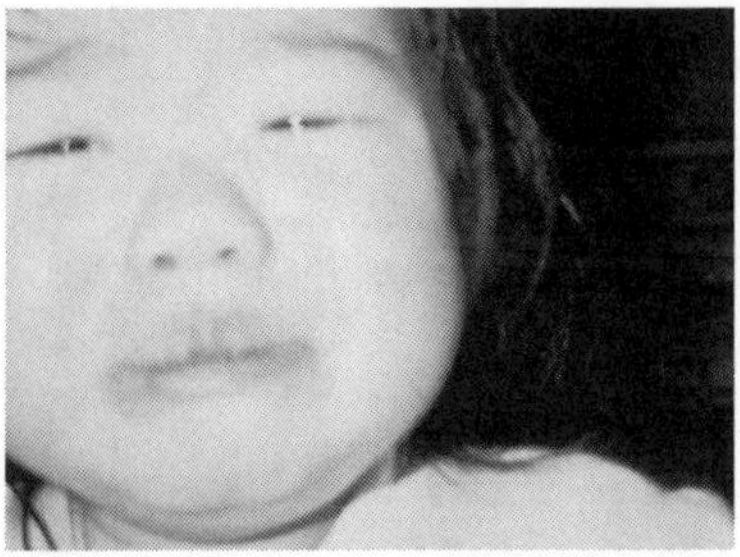

精一杯がまんの顔。
泣きづらとは、泣き顔、泣きやすい子のこと。「けぁっこ」貝。「はだけろ」掻き落とせということ。

なくなりました。

おやつに、いろりのほど（熱い灰の中）を使い、焼きジャガ芋とか焼き栗、ほど蒸し（小麦粉をこね、中に砂糖味噌を入れてまるめ、熱い灰の中に入れて蒸し焼きにした堅いパンのようなもの）などをつくってもらって食べたものでしたが、こうした時にも焼けるのが待ち切れなくてぐずぐずいう子が、ものが焼けることに、ごせが妬けることを引っ掛けてはやしたてられました。

泣き面けぁっこす
けゃっこ持ってはだげろ

いつまでもわあわあ泣いてばかりいる子に、こういってうたいはやして、あとは放っておきました。泣いてばかりいると涙と垢で頬が荒れ、かさかさになってひび割れたりしました。そのように頬を赤くしている子は痛そうでした。そうした長泣きをする子がこういってはやしたてられました。

はやされると悔しがってまた泣き、なかなか泣きやみませんでしたが、なだめたりはしないで、からかうように泣きやむまではやしたてたのでした。

人は悲しい時には泣くが、泣いてばかりいたのでは人は育たない。

だから大人は、実際に泣く子をはやしたてて恥をかかせて、泣くことは恥ずかしいことだと分からせた。

恥から抜け出すには、我慢、努力、勇気を身につければいいと早池峰の神さまが昔話をとおして教えている。


信じている人にはやされることは悲しいことです。だから幼い子はどうしたらいいのか分からず、じだしふみをして（じだんだを踏んで）泣いています。

それでもかまってもらえないと、「泣かなければかわいがってもらえる」ということが、突き放されて分かるのでしょうか、だんだんに泣かなくなったものです。

大人たちは仕事をする時、毎日、朝飯と昼飯の間に「こびる」を食べました。そうしたこびるには主に焼き餅などを作りましたが、その時に、小麦粉とかそば粉をこねたこね鉢を、忙しいので洗わないで伏せて置くと、粉がこね鉢にこびりついてとれなくなりました。祖母は、そうした粉がこびりついたこね鉢を、あわび貝の殻でガリガリと力一杯掻き落として洗いましたが、その時に、

「あのな、泣いてばりいると、お前の頬っぺさも涙と垢がこびりついて、こうしてガリガリとけゃっこ（貝）で掻き落とさねぇばなんねぇぐなんだから（ならなくなるんだから）、泣くもんでねぇぞ」

と言ってこの唄を繰り返しうたったのでした。

実際にそうした頬の荒れた子を見ることがありましたし、長泣きをしてはやしたてられている子も見ましたから、祖母にこういってうたわれると、

泣いたり怒ったりする奴のことを「ごんぼほり」と言う。「ごんぼを食ったら」とは泣いたり怒ったりしたらということと、畑のゴボウを食ったらということ。

「泣いた後はゴボウを食った後のように腹が張るだろう。腹が張ったら屁をしてすっきりしろ」という意。

「猿のけっつぁまっかまか」とは、泣いているお前の顔も猿の尻のように赤くて醜いぞということ。ごせをやくお前も畑のごぼうも焼いたって食えない。食えない奴は見たくもないということ。

「おらは、泣かねぇ」と思ったものです。

ごんぼ食ったら　腹張るべ
腹ぁ張ったら　屁ぇたれろ

怒って、大泣きをして、それでも放っておかれると、子どもは格好がつかなくなってきまり悪そうにもじもじします。そうしたらこういってからかいました。いつまでも黙っていられると、幼い子は悪いことが分かっても、謝るきっかけを見つけられないのでだんだんしょんぼりします。ですから、からかったり、突き放したりしても、必ずこうはやして元に戻すようにしたのです。この唄は、「だから、泣くもんじゃないんだよ」とからかってはやす唄です。子どもには、唄の難しい意味のとり方など分からないのですが、何度となくうたいはやされているうちに、はやされる声の調子や、「屁ぇたれろ」といった言葉を通して、はやされている内容をなんとなく感じとったのでした。

猿のけっつぁ　まっ赤　まか
牛蒡焼えで　ぶっつけろ

長泣き（泣き続ける）をして顔を真っ赤に泣きはらし、それでもまだわあわあ泣く子を、きつい調子でこうはやしたてました。大人はこういってはやしたら、いくら泣いても放っておきました。

いろはに　こんぺえと　（こんぺい糖）
つっつ（母乳）　飲んで　おがった（育った）
よだれ　垂らす　おしょすく（はずかしく）ないか

よだれを垂らしている子を、「よだれ垂らす」と言いますが、わたしが子どもの頃は、どこの家の赤ちゃんもよだれを垂らしたものでした。幼い子でも着物の襟をベトベトにしている子もいました。ですからよだれを垂らすとこういってからかわれました。

こんぺえ糖は、母乳を吸うようにしてしゃぶるとよだれが出ません。そうした金平糖をしゃぶるように、あるいはお母さんのお乳を飲む時のようにすればよだれは出ないのに、そんなによだれを垂らして恥ずかしくないのかとこの唄はいっています。

ごせっこやきやき　あか屁っこたれだ
からすにぼわれで　青屁っこたれだ

金平糖の唄は、いろは四十八文字の出だしと唱え方が似ていた。

昔は「あいうえおかきくけこ…」といった五十音ではなく「いろはにほへと」と習ったと言われていた。隣家のおじいさんは弘法大師さまがいろは四十八文字を考えたといって、そうした昔の話を語ってくれて、時々「色は匂へど散りぬるを…」と唱えた。

わたしたちも、「いろはにほへと…」と大声で唱えて遊んだ。

「あか屁っこたれた」とは屁をひったということ。

「青屁っこ」とは、あか屁っこを赤屁っことり、青屁っこと言っている。

「鳥にぼわれて青屁っこたれた」とは、熊野権現の使いの鳥の鳥に追われて青くなったということ。


機嫌の悪い時、いじけているような時に、一発もらしたら、「怒ることは真剣なことで、おならなどをする筈がないのに、お前は怒りながらおならをして恥ずかしくないのか」ということを教えながら、こういってからかいました。また、機嫌を悪くした子にも、わざとからかってこうはやすこともありました。

はなをたらして
酒買えに来るのは
おまえの子でねぇか　チョイ

泣いたり、風邪をひいたりすると鼻水が出ます。その時に大人はこう言ってからかいながら、柔らかい草の葉っぱとか前だれの端などで鼻を拭いてやったものでした。いきなり鼻をかまれる（拭かれる）と嫌がって騒ぎますが、こううたわれると黙って拭いてもらったのでした。鼻水が出ているのに気がつかない子には、自分でかませるためにこういってはやしました。

「汚ねぇな。はなかめっ」

などと注意されると、子どもでも侮辱されたようでむかっとしますが、こういってはやされると、「あっ、そうか」と気づいて恥ずかし人の後ろに隠れたり、人を避けたりする子は恥ずかしがり屋ではない。意気地がない子。人が怖いから隠れたり避けたりする。

　そういう気弱な子には人と話をすることを教えてあげればいい。

　人と話をする楽しさが分かれば、言葉を通して人を知ることができるから人が怖くなくなる。

　また、はやし唄を使ってからかうのもいい。からかうことは話をするきっかけだから。


くなり、はなを垂らさないように気をつけたのでした。

　やんたら（いやなら）やめろ　はなたらす
　ごんぼやえで（焼いて）　ぶっつけろ

　いくらなだめても、「やんた　やんた（いやだ）」と体を揺すって泣いている子は、一度だけこういってはやされました。

「いやなら勝手にしろ。そんなダメな奴など見たくもない」

ということです。

　こういってはやしたら、いくら泣いても放っておきました。繰り返しはやしたてられる時には、からかわれているという気持ちで甘えていられますが、一度だけはやしてそっぽを向かれると、冷たく突き放されたような感じがするものです。

　「六つあまされに七つ馬鹿」という言葉が伝わっていて、「数え年六歳ごろの子は、手に余すぐらい元気がよくなるし、数え年七歳あたりの子は、まったく人の言うことを聞かなくなる」と言われていました。

「お前もそうなのか」

という言葉のかわりに、すぐ「六つ余されに七つバカ」と言ってか子どもは、やってはいけないことをやった時にも、失敗をした時にも、泣いた時にも、恥ずかしいと感じさせて育てる。

「だめっ」といって叱って育てると、小さいうちはやらないが、大きくなると叱られることが恐くなくなる。だから「恥ずかしいからやらない」と自分でとめるように育てる。そのためには、笑われたくない、負けたくないという気持ちをしっかり育てることが大事。


らかわれるので、「いやだなあ」と思うことを言われても、我慢して「はい」と答えたものでした。

それでも、少し大きくなってからは、本当に嫌な時は、叱られることを覚悟で、「やんた（嫌だ）」と言ったりしたものです。

そうした時にもこういってはやされました。でも、叱られたりはしませんでした。大人は、こうした子どもの反応を見ることで、子どもの心が育っていることを知ったのでした。わらべ唄の子育ては、こうして子どもの反応を見ながら育てるようになっています。

どんなにおとなしい子でも、はやしたてられると怒りたくなります。だから、すねたり、泣いたり、だんまりになったり、いろんな形で怒りますが、大人は容赦なくはやしたてました。

叱ったり、怒鳴ったりするのではなく、はやしたててからかい、親しさを感じさせながら、「恥」というものをしっかりと教えたのでした。大人がはやす時には、声に強弱があり、ちょっとした失敗は面白くからかい、怒る時は、たしなめる時と同じに強い声ではやしました。だから子どもは、はやされた言葉の意味はよく分からなくても、声の調子で、からかわれたのか、叱られたのかということが分かったのでした。

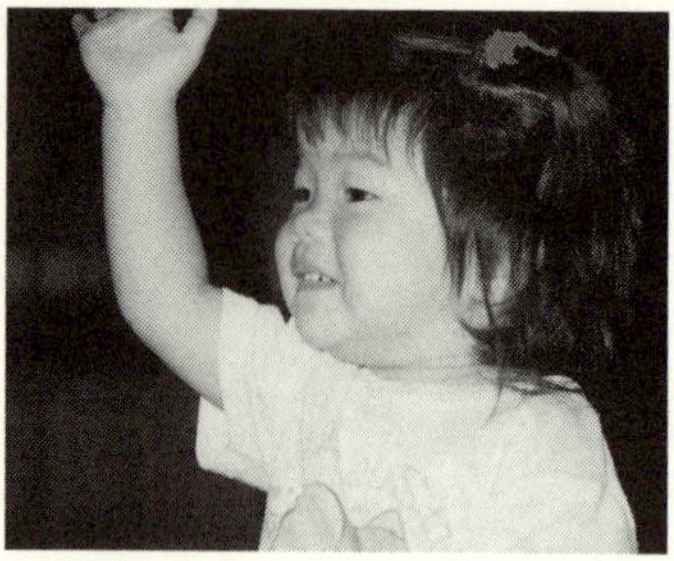

名前を呼ばれ「お返事は？　はぁい」と問いかけられて右手を上げ、動作で「はぁい」と返事ができる。

返事をする

お返事とお年

呼ばれたらすぐ返事をする。これは、あいさつと同じように一生大事なことです。

赤ちゃんが「お座り」ができるようになったら、「○○ちゃん」と赤ちゃんの名前を呼んで、振り向いたら、

お返事は？　はぁい

と大人が返事もいって、やさしく笑いかけてやります。何も言葉を話せない赤ちゃんに言うのですが、何度となく名前を呼んでは、やさしく問いかけていると、赤ちゃんは、一人で遊んでいても、にこにこしながら視線を合わせるようになります。そうしたら、「分かったのか、めんこ　めんこ　めんこ」と言って頭をなで、分かったことをいっぱいほめてあげます。

名前を呼ばれて振り向くようになったら、今度は「お返事は？はぁい」と右手をあげて、動作で「はぁい」と応えることを教えます。すると赤ちゃんは、呼ばれると片手をあげて「はぁい」と動作

で応えることができるようになります。片手を上げて「お返事」ができるようになったら、「〇〇ちゃん」と赤ちゃんの名前を呼んで、目が合ったら、

お年は？　ひとっつ

と言って、右手の人差し指を立てて見せます。これは一歳ということです。満二歳になるまでは、「ひとっつ」と教えます。

こうした遊びは、名前を呼ばれたら振り向いて、相手を見ることを身につけるための最初の遊びです。これを繰り返していると、赤ちゃんは、まだ、言葉を話せなくても、動作を真似ることは知っていますから、動作で「お年」を答えることを先に覚えて、得意そうに人差し指を立てて見せる子もいます。

言葉を話せない赤ちゃんが、指で「お年」を教えるのですから、それはもうかわいいものです。どの遊びもそうですが、こうした「お返事」をしたり「お年」を教える遊びも、できたたびに大人は、「じょうず　じょうず　じょうず」と手を叩いて、やさしくいっぱいほめてやります。ほめられると赤ちゃんは喜んで何度でも答えてくれます。

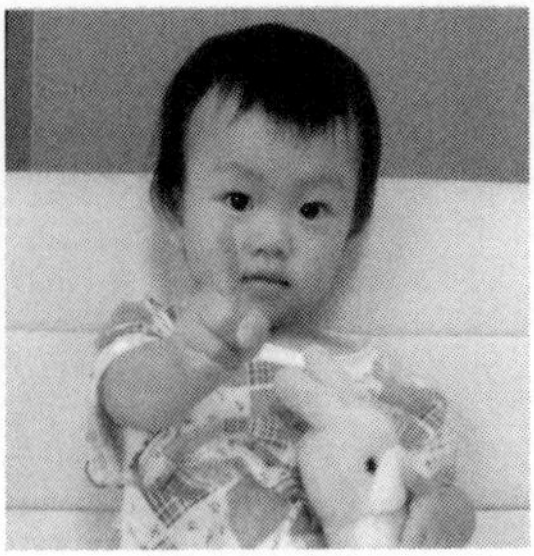
名前を呼ばれ「お年は？ひとっつ」と問いかけられて、人差し指を立てて見せ、動作でお年を教える。

名前を呼ばれて「はあい」と大きな声で返事ができる。これは一つの遊び。いつも人を意識しているようになる。

こうして赤ちゃんに問いかけて遊んでいると、赤ちゃんは視線を合わせて、「アー」とか「アーイ」と声が出せるようになり、「お返事は？」と聞かれると、右手をあげて元気よく、

「はぁい」

と答えるようになったものです。この頃になると、よその人に、

「お返事は？」

「お年は？」

としきりに問いかけられます。これはお互いによその赤ちゃんにやってあげることで、赤ちゃんにとっては、よその人から「お返事は？」とか「お年は？」と初めて話しかけられ、答えなければならないことでした。

赤ちゃんは、よその人に「お返事」とか「お年」を聞かれると、最初はもじもじしていますが、慣れてくると喜んで何回でも相手の目を見て、「はぁい」と飽きずに返事をしたり、人差し指を立ててお年を教えたりしたものです。

こうやって遊んでいるうちに、呼ばれたら「はい」と返事をする癖が身についていくのです。名前を呼んで「ハーイ」と返事をする。そのやりとりが遊びであり、大人との会話でもあり、気持ちも行ったり来たりになって、赤ちゃんは楽しそうに、声を立てて笑いなが

遊んでいて「お年は？」と聞かれ、真っすぐに視線を合わせて、それぞれに指で自分のお年を教える。

らやるものです。片言が言えるようになったら、「お年は？」と聞いて、「ひとつ」と答えるように教えます。なかには「一歳」と答えて、指でも教える子もいます。

「お返事」と「お年」の遊びができるようになったら、「お名前は？」

と聞いて、最初は大人が名字と名前を言ってやると、だんだん子どもが自分で答えられるようになります。この頃になると、子どもは普通の会話も少しはできるようになりますから、よその人は、「お返事は？」「お年は？」「お名前は？」と続けて聞き、子どもはちゃんと答えられるようになったものです。

大人は、「お返事」ができたら「じょうず　じょうず　じょうず」「お年」が答えられたら「じょうず　じょうず　じょうず」と、子どもがひとつ答えるごとに手を叩いてほめてやります。

よその人も同じように、一つ答えるごとに手を叩いてほめてくれたり、「できるのう」と驚いてほめてくれるから、小さくても答えるのが楽しいのです。

こうして赤ちゃんの時から、身近な人たちとの言葉による会話を始めて、子どもは人に慣れ、いろんな言葉に慣れて、自分の世界を広げていくのです。

「ゆかちゃん」「はあい」
「ぽかあんと一丁貸した」
呼んだ方も呼ばれた方も、「居た居た」と思って安心する。

ぽかあんといっちょかした

「はぁい」とお返事ができるようになったあたりから、子どもの名前を呼んで、返事をしたら、

ぽかあんと　いっちょ貸した

とはやしてからかいました。「用事なんてないよ。かわいいから呼んでみたよ」という意味になります。こうして名前を呼んでからかって遊んでいるうちに、子どももやり方を覚えて、

「おばあさん」
「うん」
「ぽかあんと　いっちょ貸した」

とはやせるようになったものです。こうしてはやすことを覚えると、子どもはしきりに大人に呼びかけて、はやして喜んだものでした。

このような遊びは、子どもを退屈させないためにもやりましたが、大人は仕事をしながら子守をしましたから、子どもにつきっきりという訳にはいかないので、名前を呼んで返事をさせる、こうした遊びをして、居ることを確認したのです。

子どもは遊んでもらっていると思って喜んで返事をするし、大人

相手が油断をしている時に名前をよんで、返事をしたら「ぽかあんといっちょかした」とはやす。はやされたら同じように名前を呼んではやし返す。この遊びを続けると相手に問いかけやすくなる。

小さい子には名前を呼べば返事をするので居場所が分かる。遊びにもなるし、子どもは退屈しない。返事をする癖がつく。子どもは何時また呼ばれるかと気にしながら遊ぶようになる。こうしていつも相手を感じることを教える。

は「居た　居た」と子どもの居場所を確認して安心したのでした。

親しく声を掛け合う遊び

子どもたちは、仲良し同士で名前を呼び、相手が返事をしたら、

「ぽかあんと　一丁貸した」

とうたってからかいました。こういってはやされたら、一丁借りたことになります。借りたら相手がぽかあんとしている（油断をしている）ような時に、いきなり相手の名前を呼んで、返事をしたら、

「ぽかあんと　一丁払った」

とうたって借りを返します。貸したり借りたり、五分五分というところが面白い遊びです。遊びの約束をして始めるのではなく、いきなり呼びかけられますから、ぼやぼやしていると「二丁貸した」「三丁貸した」と借りがどんどん増えて負けたことになります。

いくら仲良しでも、借りてばかりいると遊びが面白くなくなります。また、借りてばかりいるとぼんやり者ということで恥を感じます。だから借りが増えないように、相手が気を抜いているようなときに、相手の名前を呼んで返事をさせ、はやして借りを返したのでした。こうして借りたら返すといった気持ちは、いつも相手を意識していることにつながります。

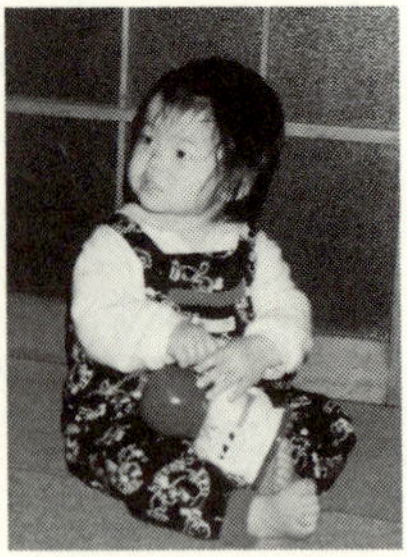

遊んでいても名前を呼ばれると呼んだ人の方を見て、「はあい」と答える。
大勢の子に、一対一で向き合うことは難しいが、小さい子は、自分を呼んでもらったり、ほめてもらったりすることをいつも待っている。

この遊びは、名前を呼ばれたらすぐに、「はい」と返事ができるようにするための遊びです。「立つより返事」という諺があり、声をかけられたら、まず、返事をするものと教えられても、慣れないと返事はすぐにはできないものです。呼ばれたら相手の気持ちに合わせてすぐに返事のできる人は人に好かれます。

また、この遊びは相手に親しく声をかけることを身につけるための遊びでもあります。人に声をかけることは、簡単なようで難しいものです。だから子どもたちは名前を呼び合って返事をさせて遊び、だんだん人に声をかけることに慣れたのでした。

十歳ごろまでやった遊びですが、この遊びは大人が仕事をしながらでもできますから、幼い子にはもちろんのこと、大きい子にも、大人はワラ仕事とか針仕事などをしている時に、いきなり子どもの名前を呼んで、返事をすると、「ぽかんと　いっちょ貸した」とはやして遊んだものでした。

わたしも呼んでもらったものでしたが、わたしはヤヱですから、「やっこ」と呼ばれました。

呼んでもらうだけでも嬉しいのに、こうした幼児を呼ぶような呼び方をされると、八歳ぐらいになっても、かわいいと言ってもらったようで、とても気持ちがよかったものでした。

学校に入るまでに「はい」という返事ができる。あいさつができる。人に真っすぐに向いて話を聞くことができる。食事の時には立って歩かないという子に育てる。

返事をはやす唄

わたしの住むところでは、ふだん使う返事には、「うん」「なすた」「はえ」などと色んな返事の仕方があります。

けれども、こうした返事は汚ない返事とされていて、呼ばれたら「はい」と言うものだと教えられ、「はい」以外の返事をすると、「汚い返事だぞ」という言葉のかわりに、嫌な言葉ではやしたてられたのでした。呼ばれたら、

「はい」

と言うことぐらい簡単なようなものですが、ふだんは土地の言葉でしゃべっているのですから、返事だけ「はい」とあらたまるのは難しいことでした。

それでも返事を「はい」とし直すまで繰り返しはやしたてられるので、怒っていても、泣きべそをかいていても、「はい」と返事をしなければなりませんでした。

そのかわり「はい」という返事ができると、お利口さんになったとか、聞き分けがよくなったと、最高にほめてくれるので、呼ばれることになれてからは、いつ呼ばれるかと、呼びかけてもらうのを楽しみに待ったものでした。

☆「あっ」という返事をからかってはやす唄。

あっと　もったら（思ったら）

気ぃつけろ

「あっ」とは、ぼんやり者の返事だぞということ。

☆「なすた（何か用か）」という返事をからかってはやす唄。

なすたら（産すたら）　抱ぁげ

「なすた」とは「何か用か」という問い返しになりますので、こうした返事は口答えとみられ、大きい子は、「なすたずごとぁ（ということが）あるか。なすたら抱ぁげ」というように強い口調ではやされました。

☆「おべだ」という返事をからかってはやす唄。

おべだ（知っている）男に　ほれられだ

「おべだ」という返事は、いちいち言われなくても分かっているといよその人が子どもに話しかけてくれた時、子どもがもじもじしていたら話しかけてくれた人に、「どうも（有り難うございます）」と言ってから、子どもに、「お返事をするんだよ」と教えた。

今のお母さんは、よその人が子どもに話しかけると、子どもを引っ張って遠ざかる人が多い。

人から子どもを遠ざけてばかりいたら、子どもは人を知ることができないし、子どもも人を避ける人になる。


う口答えに聞こえます。また、あれも「おべだ」これも「おべだ」というのは、「おべだふり」つまり、「知ったかぶり」と嫌われます。だから大きな子には、「おべだ（覚えた、知っている）」などと誤解されやすい返事はするなという意味ではやす。

惚れられるということを子どもたちはとても恥ずかしがりました。そうした言葉から感じる恥ずかしさをとおして、「おべだ」という返事は恥ずかしい返事だぞと教えています。

☆「ししゃねぇ（知らねぇ）」という返事をからかってはやす唄。

ししゃねぇ　すずめの
大きぃ　きんたま

知らないという返事は、本当に知らない場合と、面倒だから、あるいは聞きたくないから知らないという場合とがあります。また、ものを知らないということは恥ずかしいことですから、大きい子には、「知らないだなんて、いつまでそんな返事をする。大きくなってもそんな返事をして恥ずかしくないのか」という意味でこうはやしたてました。

☆「ふん」という返事をからかってはやす唄。

ふんとはなかんで
何処さ行く

「ふん」という返事は人をこけにした返事だと言われていました。だから、こうした返事をすると、こういってはやされ、人に嫌われるぞとさんざん注意されたものです。人のやることを見て「フン」という人がいます。こうした癖のある子も、嫌われるんだから直せという意味でこうはやしたてました。また、素っ気ない態度で行き過ぎる子にも、陰口のようにこうはやすこともありました。

☆「うん」という返事をからかってはやす唄。

うんって　うなぁ（お前の）けっつぁ
胡麻けっつだ
それで嘘だら　出して見ろ

この唄は、「うんという返事をしたお前の陰部に毛が生えている。嘘だと思うなら出して見ろ」とうたっています。陰部に毛が生えるということはすごく恥ずかしいことでした。そんなに大きくなるまで汚い返事をして恥ずかしくないのかということ。

「無くて七癖」という諺があるが誰にでも癖はあるもの。

ある人が人の癖を笑って、「人にぁ人癖　馬にぁ馬癖おらにぁ癖ぁねぇじゃ　フン」といったという話がある。こうした話を知っている子には、「フン」という返事をした時に、「お前も似たような者だぞ」という気持ちでこう唱えることもあった。

「ふんとはなかんで」とは手ばなをかむことで、汚ないという意。

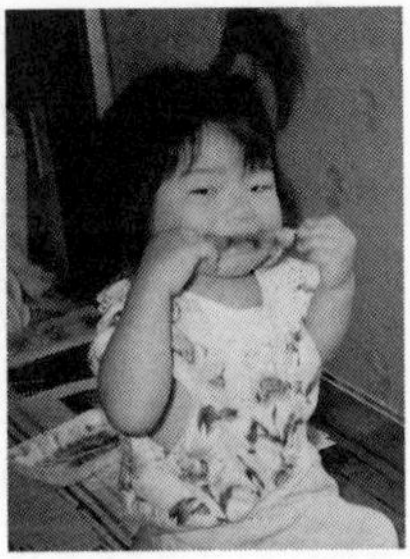

「黙って団子食って…」とからかう。からかわれたって食べる方がいい。

うんだら　潰せ

「膿んだら潰して膿を出せ」ということ。「うん」という返事は汚いから直せということです。
☆　呼んでも返事をしない時にはやす唄。

黙って　団子食って
団子でぇ（代）も　払んねぇ

呼ばれても返事をしないとこう言ってはやされました。返事をしないということは、黙って団子を食って団子代も払わないのと同じということ。
☆　呼ばれたことを分かっているのに返事をしない子や、いくら呼んでも返事をしないぼんやりな子をからかってはやす唄。

黙って団子食って　団子代も払んねぇ
よごせ　横座さ　糞たれで
がが（母親）に　さらせて　眺めで見でだ

「何度呼んでも返事をしないお前は、挨拶もなしに人の出した団子を食って、団子代も払わないばかりか、その家の旦那殿しか座ることの出来ない横座に座って、糞をし、それを母親に片付けさせて眺めて見ている大馬鹿野郎と同じだぞ」ということ。

はやされると全身糞まみれになったようで、身震いするほど汚い嫌な感じがするのです。だから小さい子でも、こういってはやされると終わりまで聞かないうちに、たいていの子は返事をしたものです。大きい子には、「そんな馬鹿な奴は見限った」と突き放す言葉としてはやしました。

☆　返事をしない時にからかってはやす唄。

○○さんても　お返事がない
花婿さん（花嫁さん）でも　もろたかな
なして　夕べな（昨晩）　来なかった
障子の陰で　ごじゃ（ござ）被って
明かすこ消して　何やった

わざとではなく、ぼんやりしていたり、よそのことに気をとられていたりした時にからかってはやしました。○○に名前を入れては

返事をしないことを、「うんだ（熟した）柿ぁ潰れたともやねぇ（言わない）」「返事の返答もねぇ」「うんともすんともやねぇ（言わない）」などと言う。人はこう言って返事をしない人を嫌う。

からかわれるよりも、こうした短い言葉をばしっと言われただけで、あとは何も言われない方が、「お前なんかもう知らない」と見限られたようで、心細い感じがしたものだった。

やしたてます。幼い子でも、こういってはやされるのを恥ずかしがり、はやされると飛んで行ってはやし手の口をふさいだものです。とても恥ずかしい言葉でしたから、はやされたらすぐに返事をしたものです。返事をするとはやすのをやめてくれました。

☆「やんた」という返事をからかってはやす唄。

やんたら止めろ　はな垂らす
吉松けぁっぺの　けつ（尻）　なめろ

「はな垂らす」とは駄目な奴のこと。「いやなら勝手にしろ、もうお前みたいな駄目な奴など当てにしない」とか「構う気がしない」という時にこういってはやしたてました。

用を言いつけられた時に、「やんた（いやだ）」と言うと、大人にこう言ってはやされました。もっと汚いうたで、

やんたらやめろ　されぁ止めろ
死んだら仏　ぶったてろ

というのもあります。この唄は大きくなってから、「やんた（嫌だ）」

と言った時に、「嫌なら頼まない。お前なんか当てにしない」と見限った言葉として、怒った口調ではやされました。普通はあまり使いませんでした。

☆「はえ」とか「はえはえ」という重ね返事をからかってはやす唄。

はえはえ　馬っこぼって
何処さ行く

「はえ」ではなく、「はい」と言えということです。また、「はいはいは返答のうち」という例え言葉があり、「はえはえ」と重ね返事をした時にもこういってはやされました。

「はえはえ」とは重ね返事に馬を引く時の掛け声を掛けた言葉です。だから「はえはえ馬っこぼって（引いて）」というそうです。ほいほい誰かに付き従っている子には、「他人の言いなりになってばかりいてよいのか」という意味でこうはやす大人もいました。

話しかけても返事をしてくれない人がいる。不愛想とも違う。返事をしない癖の人。こうした人には返事をしてくれなくても仕方がないから「こうだよ」と一方的に言うと、「うん」と言ったりする。

聞いているのに返事をしないと分かると全く腹がたつ。話しかけられたら相手の目を見て返事をする。こうした子どもに育ててやらないと人に嫌われるから、子どもがかわいそう。

おしゃべりに夢中で、呼ばれたことに気がつかなかったり、ぼんやりしていたりしてうまく「はい」と返事をすることができないこともある。

呼んだ人が幸運を運んで来てくれた人なら、返事をしなかったばかりに「ろくに返事もできない奴ではダメだ」と思われて、せっかくの幸運を逃すことになる。

返事は会話の最初

人と話をする時、問いかけられてもろくに返事をしない人、返事をしても相手の目を見ない人、上を見たり下を見たり落ち着きのない人などいろいろですが、そうした人は嫌われます。だから、呼ばれたら素直に相手の目を見て、「はい」と返事のできる人。そういう人に育てるために、赤ちゃんの時からこうした遊びをしたのです。

相手に返事をしてもらうことは、相手の気持ちを自分に向けてもらうことです。「はい」という返事は、「あなたの方を向きましたよ。心を向けましたよ」ということです。だから赤ちゃんにも、まず、名前を呼んで、呼ばれたら、呼んだ相手の目を見て、

「はい」

と返事をすることをしっかりと教えたのです。

こうした返事遊びは、呼ばれたら、呼んでくれた人の目を見て、「はい」と答え、相手の言葉を待つ。誰かに話しかける時には、いきなり「ああだ」「こうだ」と話しかけないで、まず、相手の名前を呼んで返事をしてもらい、心を向けてもらってから、相手の目を見て話す、といった、会話の最初を教えている遊びです。

「立つより返事」とか「はいに勝る言葉はない」といった諺も言われながら、こうして、「はい」という返事をすることを教えられました。

汚い言葉や恥ずかしくなる言葉ではやされるのは嫌でしたが、それでも、返事をはやされると、大人でも、友だちでも、気に掛けて貰っているのがうれしくて、呼びかけてくれるのを心待ちにしたものでした。呼ばれたら、

「はい」

と返事をすることは一生続く大事なことです。

呼ばれたらすぐに「はい」と返事をすることが、人に好感をもたれるコツだそうです。

昔の人たちは、人と人とが心を伝え合って暮らすのが一番の幸せだと考えたそうです。だから、こうして呼んだり呼ばれたりする遊びをして、子どもに、心を伝え合うことの楽しさを教えたということでした。また、

「はい」

という素直な心を持つことが、幸せにつながるという信仰から言われている、昔の教えだとお年よりたちは言っていました。

第三章　子ども同士ではやす唄
「知恵を育てる唄」

まだ、小さくて言葉の意味が分からないうちから大きい子の集団にまじって遊び、大きい子たちが誰かをはやすのを聞いて、一人遊びをする子にはこの唄を、泣きやすい子にはこの唄をと、唄もはやし方も大きい子の真似をして自然に覚えました。

はやされた子が泣いたり怒ったりするのを見て、はやされるとどうなるかということが分かりました。だから、はやされないように気をつけるようにしたものでした。はやされないことが勝つことでした。

男の子も女の子も、まだ、小さくて言葉の意味の分からないうちから子どもの集団にまじって遊び、大きい子たちが誰かをはやすのを聞いて、一人遊びをする子にはこの唄を、泣きやすい子にはこの唄をと、唄もはやし方も真似て自然に覚えた。はやされた子が泣いたり怒ったりするのを見て、言葉の働きが分かった。はやされたくないという気持ちが働くからはやされないように気をつけるようになった。

唄には唄で返す

幼い子は、子守の手を離れ、仲のよい友達を見つけて遊ぶことを覚えると、子どもの集団の仲間入りをしました。子どもの集団の仲間入りをすると、大きな子たちに教えられながら、他の子どもの集団をいろんな言葉ではやしたてて遊びました。最初は言葉の意味など分からないまま、大きな子たちに従って言葉を真似てはやしたてることからはじめます。

子どもたちは、大きい子も小さい子も一緒になり、四、五人から時には七、八人位のグループで遊んでいましたが、こうしたグループにはガキ大将と呼ばれているリーダー格の子がいて、子どもたちはそうしたガキ大将に従って遊んだのでした。ガキ大将は、自分が率いる子どもたちに知らないことは教え、悪いことはやめさせ、他のグループの子どもたちに、はやしたてられたりしないように、いつも気を配りながら遊んでいました。

けれども、お互いに他のグループの誰かの欠点を見つけてみんなではやしたてましたから、必ず誰かが笑われるようなことをしては大声ではやしたてられました。

子どもの集団にとって、自分たちの仲間に他の子どもの集団の子子どもの集団の仲間入りをすると、赤ちゃんをはやす唄も泣く子にうたう唄も返事をはやす唄も、相手をはやす唄としてうたった。こうした幼い子にうたう唄はしつけの唄として大人に嫌というほどはやされて、どういう時にはやされるかということを子どもはよく知っているから、小さい子でも本気ではやしたてることができた。

どもたちから攻撃の的にされる子がいることは、とても悔しいことであり、恥ずかしいことでした。だから、はやされて仲間に迷惑をかけないように、気をつけなければならなかったのです。

一人でいる時なら、はやされて悔しかったら泣けばいいのですが、仲間と一緒の時にはやされるということは、仲間全体が軽蔑されることになりますから、泣いてなどいられません。

攻撃の的にばかりされていると、だんだん仲間にも嫌われました。だから、へまなことをしたりして攻撃の的にされないように、一人ひとりが気をつけながら遊んだのでした。

はやしあうということは、取っ組みあいの喧嘩とか、ただの口喧嘩とは違い、言葉と言葉をぶつけ合う知恵と知恵との応酬ですから、はやされてもその唄に勝つ唄をはやし返せなかったら負けです。でも、負けると、「もっと別の唄を覚えて、今度こそ相手をやっつけてやる」と思ったりしてかえって励みになったものでした。

他力　田端の垂れ糞
たって　祟られて　祟り殺されだ

田圃で用便をしている子をからかってはやしたてた唄です。

田んぼに用便をすると、田んぼには田の神様がいて、汚いと言って祟られる言われていました。

どんどご面この　さぁぎだづ（先立ち）

醜い子が先にたってむかって来た時にはやした唄です。醜い顔のことを「どんどご面こ」といいます。

昔は下肥を売り買いしたので「よその田圃で用便をしたら他人の力になるだけだぞ」という意味で「他力田端の垂れ糞」とはやした。だんだん唄の言葉が崩れて「田んぼ田中の垂れ糞たってたられでたり殺されだ」とはやす唄もあった。

あのがきぁ　どごのがき
頭　すんめずげで（ぶん殴って）
泣かせて　やりましょうか

一人遊びをしている子をからかって大勢ではやしたてた唄です。「あの子はどこの子頭をぶん殴って泣かせてやりましょうか」ということ。子どもたちは、一人遊びをすることを恥ずかしいことと教えられて育っていますから、独り遊びをしている子を見ると、こう言ってはやしたてたものでした。はやされる子にとって、知っている子たちに「あの子はどこの子…」とうたいはやされることは悲しいことです。だからはやされているうちに、仲間に入って遊べば

独り遊びをする子にうたう。「あのがきぁどごのがき頭すんめずげで泣かせてやりましょうか」

はやされないということが、独り遊びをしている子にも自然に分かって、みんなと一緒に遊ぶようになったもでした。

子どもは家だけで育てるものではなく、地域ぐるみで育てるものでした。だから子どものある家の大人たちは、みんなやさしかったものです。どこの家でも家の周りに子どもの好きな桑の木、すぐり、ナツグミ、さねっこ梨、ゆすら梅、栗などを植えていて、実がなると、「採って食うべす、おら家さも遊びサ来ぉ」と近所の子どもたちを誘ったものでした。

独り遊びをすると、大人になってもみんなとまざれないと言われていました。こうした子は気の弱い子だったり、人の言うことを聞きたくないといった身勝手な子だったりしたので、子守役のおばあさんは、みんなと一緒に遊ぶことを願っていました。だから独り遊びをする子のおばあさんも、同じように「採って食うべす（食べましょう）来ぉ（来なさい）」と子どもたちを誘ってから、

「おら家の孫もかでてけろなぁ（仲間にいれてくれ）」

とさりげなく言って、孫を仲間に入れてもらう手助けをしたのでした。子どもたちは食べ物に弱いので、

「うん、遊ぶべぁ（遊ぼう）」

と簡単に仲間に入れてくれました。独り遊びをしていた子も、気が

全く知らない子、憎らしい子が独り遊びをしているのを見た時には「あのがきぁどこのがき　頭すんめずげで泣かせでやってけんちょ」とうたった。「あの子はどこの子頭をぶん殴って泣かせてやるぞ」ということ。

独り遊びばかりしていると相手から真似て覚えることはできない。

遊びのルールを守るのもみんなの真似をして覚える。みんながやるから真似て遊んでいるうちにルールを守ることが楽しく身につく。

弱くて仲間に入りかねていた子も、自分の家の木の実だから気にしないで一緒に採って食べているうちに、仲間に入って遊べるようになったのでした。昔はこうしてお金のかからないものを利用して、子どもたちが友達をとって遊べるようにしてやったものです。

一別当　二別当　三別当のがが（嬶）は
しゃべんべっと（しゃべろうとして）　滑った

相手にしゃべり負けた時に、「うるさいうるさいうるさい」という感じでこう早口ではやしたてた唄です。

在郷のあんこ　馬鹿あんこ
ワッパ飯を　掻っ込んで
はたぎ（畑）の隅っこで
たあんと　たんと

町方の子が在方の子をはやしたてた唄です。「在郷のあんこ」とは田舎者ということ。唄の内容だけでも頭にくるのに、そうした姿を実際に見ることもあるので、それが自分に置きかえられているようで、はやされると身震いするほど嫌だったものでした。
甚句のはやし言葉にも「トコ在郷のこけあんこ　ひつこにかで飯（飯に大根などを入れて量を増やす、貧しさを表す）詰め込んではたぎ（畑）の隅っこで　たあんとたんと」とうたわれています。

在郷のあんこ　馬鹿あんこ
はだぎ（畑）の真ん中さ　糞たれで
紙が無いので　手でぬぐった
もったいないから　なぁめった（なめた）

わたしが子どもの頃は、友達と遠野の町へ行くと、町に入るすぐ手前の下早瀬の橋のたもとあたりから、男の子たちにこう言ってはやしたてられました。どこまでもはやしたてながら追いかけてくるので、とても悔しかったものでした。

おかすくて（おかしくて）　屁も出ねぇ

相手の行動を軽蔑してはやした言葉。「そんなことは話にならない」とか「お前なんかにできるもんか」といった意味。

「ワッパ」とは薄い板を曲げて作った弁当箱のこと。一升飯が入る。「掻っ込んで」とは茶碗に口をつけて箸で掻き込む食べ方。こうした食べ方は作法しらずの食べ方であり稗飯を食べる時の食べ方だと言われていた。稗だけの飯はこぼれるのでかっ込んで食べるが貧しいということを表す。

「畑のすまこでたあんとたんと」とは大飯を食らった後で畑の隅にしゃがみ、どったり（たあんと）糞をしたということ。

おかすじゃ（おかしいじゃないか）　おかめコ
しぇんでぇの（仙台の）　ふくべコ（瓢箪）

相手をせせら笑って、「出来るならやってみろ、出来るもんか」という時に、また、「そんなことなどおかしくて」という時にこうはやしたてました。

おかすば（おかしいなら）　おかわ（おまる）の
しょんべ（小便）　かぶれ

「おかすじゃ　おかめこ　しぇんでぇの　ふくべこ」
と相手にはやされた時、すぐにこういってはやし返しました。
切りなしに笑われた時に、あるいは笑い転げる子の笑いをとめるためにも、こういってはやすこともありました。こうした汚い言葉ではやされると、たちまち笑いはとまったものです。

すとんけ（間抜けな奴）　山芋　足あげろっ

事業に失敗したことを「足ぁ上がった」と言います。足が上がる

「おかすじゃおがめこ」
「しぇんでぇのふくべこ」
「おかすばおかわの…」
相手に負けないではやす。

と大抵の人は住んでいる土地からいなくなります。子どもたちは、嫌いな子に向かって「お前なんかこの土地から居なくなれ」という気持ちで思いっきり蹴るように足を上げながらこうはやしました。

澄ますがるなよ　味噌かすおなご（女）
いくら澄ましても　醤油にぁならぬ

つんと澄ました不器量な女の子とか、女の人を小声ではやした唄。男の子たちはわざと聞こえるように高々とはやしたてました。
味噌と醤油では作り方が違うように、器量のよい人と悪い人では作りが違うから、いくらきどっても味噌っかすは美人には見えないぞということ。

立てば　しゃくやく
座れば　ぼたん
歩く姿は　豚のけつ（尻）

前から見た時は奇麗に見えたのに、お尻が大きかったり足が短くて後ろ姿の良くない女の人に行き会った時、最初の言葉は高く、し

「立てばしゃくやく座ればぼたん歩く姿は百合の花」という諺がある。

どこの家でも家の周りに子どもの好きな実の成る木を何種類か植えていて、熟すと食べに来いと子どもたちを誘った。

だが、畑を荒らされるからといって絶対に子どもを寄せつけない家もあった。

そういう家の子は親を嫌われるし、みんなのように家に誘うことができないので肩身の狭い思いをした。

こうしたことからよその人の気持ちは、みな同じではないということや人は言葉だけでつながるものではないということを学んだ。

だいにそっとはやした唄です。

　澄ますおなご（女）の
　じゃるけっつ（笊尻）

女の子や若い女の人がつんと澄まして、気どった歩き方をしているのを見た時にははやした唄。「気どった歩き方をすると、お尻が笊を当てたようにぽこんと突き出てみっともないぞ」ということ。

　人真似こまね　酒屋のきつね
　粕食って逃げだ

学校で休み時間に遊ぶ時は同級生と遊びました。放課後とか鶏、うさぎ、豚、山羊などの家畜の当番をする時には五、六年生が二部落ずつ組んでやりましたから、違う部落の子たちと一緒でした。家に帰ると部落のなかの仲良しが一緒でしたし、そのまた中でも仲よしがあり二、三人で遊ぶこともありました。

こうしたそれぞれのグループに遊ぶルールがありましたが、たまにどのグループにも属さない子が交じっていて、あとでとんでもないこみんなと一緒に遊ばない子は相手が欲しいと思ってもまざる方法を知らない子。そういう子のおばあさんは桑の実とかスグリなどを食べに来いとさりげなく子どもたちを誘い、孫も一緒に遊べるようにしてやった。
今はみんなと交ざれないでいる寂しい子に、みんなとまざる方法を子どもたちも親も先生も教えていないようにみえる。

とを言いふらすことがありました。そのためにグループの和がうまく行かなくなることもあったのです。だから、近しい振りをして近づいて来る子には、きついことを言って遠ざけようとしました。すると嫌がらせに口真似をしたり、身振りを真似をしたりしながらどこまでもしつこくついて来たりしました。そんな子をようやく追っ払った時にいやがらせをした子に向かってこうはやしたてました。粕食ってとは、酒屋の粕に内緒話のカス（大事でないところ）を掛けた言葉。

泣き真似こまね　酒屋のきつね
かす（粕）食って　逃げろ

面倒になるとすぐ泣き真似をして、その場をごまかそうとする子。そうした嘘泣きをする子はこういってはやしたてられました。

とくとっくり　酒まけて
え（家）さ行って　くられて（叱られて）
ただ戻り

用事が足せなくてただ戻りをした子をからかってはやした唄。

麦蒔きをする時、畑に浅い穴を掘りそこに大便と麦とか小麦の種を入れてかき回し素手でつかんで振って種を蒔いた。こうした仕事は男の人のやる仕事だった。そのようにして種蒔きをしている時には手が汚いので大人は絶対にそういう手をして追いかけて来れないことを子どもは知っていた。だから知っている大人は後で叱られるから、知らない大人ならたとえどこかの旦那殿だろうと怖くないので「権兵衛ぁ種蒔く……」と大声ではやしたてて逃げて面白がった。

権兵衛ぁ種蒔く
からすぁほっつぐれっ

呼ばれても返事をしないと、「名無しの権兵衛」と言ってからかわれ、「権兵衛ぁ種蒔く…」とうたってはやされました。
知らない大人が種蒔きをしているのを見て、こういって遠くから大声ではやして逃げる子もいました。

化け物にぁ　おっかなくねぇし
見世物にぁ　めぐせぇ（醜い）

ブスな子に意地悪をされた時、化け物というには怖くないし、見料をとって見せる見世物には醜いと小声ではやした唄です。

誰かえんつこ背負って
こわくなかべか

体に何かついている時、教えるかわりにこう言って繰り返しはやしたてました。また、気づかれないように相手の体に何かくっつけて、からかってはやすこともありました。
顔とか着物にご飯粒がついているのを教える時には、「弁当もってどこさ行く」とはやしました。

えんばるな　(威張るな)
にくたらす　(憎たらしい)
しゃべくるな　(余計な事はしゃべるな)
すべくるな　(うるさいぞ)
ごだめぐな　(文句を並べたてるな)
ろくでなす　(ろくでなし)
すずめんどくせぇ　(しち面倒だ)
はっとばすじょ　(張り飛ばすぞ)
くそけ　(糞食らえ)
とっくむじょ　(取っ組むぞ)

意見が合わない時、「えんばるな」と誰かがうたうと、続けて「にくたらす」とやり返し、一行ずつ交互にやりあったものでした。また、憎らたらしい子や威張っている子に対する当てこすりとして、仲間同士で小声で唱えてうっぷんばらしをしたりもしたものでした。

「こわくなかべか」とは、「疲れないだろうか」ということ。体に何かくつけても気がつかないなんてだらしがないとか、ぼんやり者だという意味にとった。

子どもは友だちとの遊びを通して社会生活の仕方を学ぶ。

時には喧嘩になりそうなこともあるし、やってしまうこともある。

だがそれは個性のぶつかり合いであり、子どもはそうしたことを体験し、自分を育ててゆく。

そうやって見つけた友だちは一生の友だち。

喧嘩　五分五分　馬の糞　半分

喧嘩の仲裁の唄です。今にも取っ組み合いの喧嘩が始まりそうで睨み合っていると、ちょっと大きい子が仲裁にやってきて、片手で両者の間を割るしぐさをしながらこう言ってはやしました。

こうした言葉ではやされると、喧嘩にかかわっている子も、そうでない子も集まって来て、「喧嘩五分五分　馬の糞半分」と大声で繰り返しはやしたてました。

この唄をうたわれたら、やめるまでみんなにうたいはやされるということを、睨み合っている子たちも知っていますから、恥じさらしなことは嫌だなと気づいて仲直りをしたものでした。そんな時にはガキ大将が、

「陣取りすんべぇ（しょう）」

などとみんなを誘い、みんなの気持ちの立て直しに、思いっきり大声をだして跳ね回る遊びをしたのでした。

さよなら三角　またきて四角
四角は豆腐　豆腐は白い
白いは兎　兎は跳ねる

「さよなら　三角」
「また来て　四角」
「四角は　豆腐」
「豆腐は　しろい」

跳ねるは蚤　蚤は赤い
赤いはほうずき　ほうずきは鳴る
鳴るは屁　屁は臭い
臭い雪隠　雪隠は狭い
せまいは廊下　廊下は長い
長いは爺っこのふんどうし（褌）

明日も遊べるのに「さよなら」を言いたくなくて、つい遅くなってしまうので、遅くなると気がついた子がうたいだしたのでした。するとたちまち離れたものです。誰かが「さよなら三角」とうたいだすと、続けて反対の方向に帰る子がうたいました。

こうして上段と下段を交互にうたいながら子どもたちは駆け出したのでした。歌詞がだんだん「雪隠」とか「爺っこの褌」といった汚い言葉や恥ずかしい言葉になるので、そうした言葉を口にしたり、相手からぶつけられたりするのが嫌だったからです。

ああらあらら
知ぃらねぇ　知らねぇ

「ああらら　あらら　知ぃらねぇ　知らねぇ」
と繰り返しはやしたてられると、言葉が怖い。

間違って物を壊したような時、「俺たちには関係ないぞ。どうするどうする」という意味で、みんなに目をキラキラさせながらこういって際限なくはやしたてられました。こうした短い言葉を大勢に際限なくはやしたてられると、泣くどころではない、どうしたらいいのか分からなくなるくらい、自分のやってしまったことに責任を感じさせられおろおろしたものでした。

菊池と馬の糞ぁ　どごにでもある

遠野は菊池という名字が多いので、菊池という名字の子をからかってこうはやしました。例え言葉としても使います。菊池と言っても大勢いるのですから、誰の事を言っているのか分かりません。その分からないところが面白かったものでした。けれども、こうした名前や名字をからかってはやされるのは我慢出来ますが、体のことをはやす唄もあり、自分が負けそうになると子どもたちはそうした相手の欠点や弱みを突く唄も容赦なくはやしたてました。

現在は、体のことをはやす言葉は絶対に言ってはならないようですが、昔はほとんど治すということは出来ないので、はやされて自分を知り、痛い言葉になれて、強く生きていかなければならないと兄には兄の弟には弟の立場があることをきちんと教える。そこから子どもは自分の立場をきちんと生きていくことを覚える。
兄弟でも、目上には従わなければならないと教えることが大事。人の意見に従うのは兄弟が最初。
下の子は上の子のいうことを辛抱して従っていくことでちゃんと社会勉強をしていく。

いうので、体の弱みをはやす唄もうたったと言われていました。

頭の大きい奴ぁ　まんま（飯）えっぺぇ（一杯）食う
汁かけ飯だら（なら）ずっぺぇ（十杯）も食う

わたしは髪が厚くて、頭が大きかったので、こう言って大人にからかわれました。すると別の大人が、「負けんな。負けんな。頭の大きい奴ぁものおべぁええ（物覚えがいい）って言え」と加勢してくれました。こうした「頭の大きい奴は物覚ええがいい」という言葉を知ってから、わたしは頭の大きいことが恥ずかしくなくなりました。

はやされた唄に返す言葉を覚えると、はやされても気にならなくなるものです。

やけのやんぱち
やけのやんぱち

やけ（自棄）をおこした子をからかってはやしたてた唄です。物を投げたり、蹴とばしたりするのをやめるまで繰り返しはやしたて子どもの喧嘩はきちんと見てやることが大事。子どもの喧嘩にもそれなりの理由がある。お互いに気持ちを出し合ってそれが合わないから喧嘩をする。それなのに親はたいてい「喧嘩をしないんだよ」と言ってとめる。何で喧嘩をしているのかと聞かなければならない。喧嘩は気持ちの出し合い。訳も聞かずに喧嘩をとめていたら起きかけた気持ちを抑えられ何も教えられないで育ってしまう。

ました。やけどの跡のある子が自分のことをはやされていると気をまわして怒り、笑われたりすることもありました。

坊主の頭さ　蝿こぁ　たがった（止まった）
つるりと滑って　またたがった

禿頭に蝿が止まったり飛んだりする様子を想像して唱えて遊んだ。

焼けしっつり　ごまんじぇ
焼けしっつり　ごまんじぇ

火傷をすると火傷の跡がひきつって残ることがありました。こうしたことをさして「焼けひっつりごまんじぇ」と言っていますが、火傷をしたらそうならないようにしっかり手当をして、火傷の跡を残さないようにしなければなりません。けれども痛いので、子どもは見せないで逃げ回っていると、皮膚が引きつって残りました。

火傷をした時、大人にもこういってはやされるので、子どもは、ひきつったやけどの跡をみて知っていますから、我慢をして手当をしてもらったものでした。

兄弟喧嘩をしたときのとめ方も大事。兄弟喧嘩をした時には親はたいてい「小さい子はいじめるな」と兄を叱る。だが、それでは小さい子は何をやってもいいんだとわがままになるし、兄も叱られてばかりではいじける。そうではなくて上の子には「まだ分からないんだから教えて上げて」と言い、下の子には「お兄さんに教えられるんだよ」とやさしく言い聞かせる。

歯っ欠け八郎
歯っ欠け八郎

乳歯が抜けた子をからかってはやした唄です。

ふだん、あまり仲のよくない組の子とか、よその部落の子に歯の欠けた子がいるとその子を容赦なくこういってはやしたてました。ことに前歯は口を開けば見えますから、隠しても駄目。歯がちゃんと生えるまではやされたのでした。

子どもにとって、歯が生えかわるまで我慢の連続でした。けれども、これは誰でも通らなければならない道なのです。親知らずは抜きにして、歯は二十八本。はやされるのは主に前歯が欠けた時でしたが、大声を出すとほかの歯が欠けていることも知られてしまい、容赦なくこういってはやされました。大人も歯の欠けた子をみるとこういってからかったものです。けれども歯が欠けたことは恥ずかしい事ではありません。歯が生えかわるまで二十八回の我慢ですが、こうした我慢が出来ないと、歯が重なり八重歯になるのです。

八重歯が生えると親が笑われると言われていました。昔は歯を抜いてもらいに歯医者に行くなど考えられないことでしたから、親は子どもを泣かせながらでも、歯に強い糸をくくりつけて、気のない子ども同士ではやしあうことは、恥ずかしいことはどういうことかということを教え合うこと。

相手の欠点を見つけてはやすと、悔しいから「お前だって」と欠点を見つけてはやし返す。

子どもは、はやされて自分の欠点に気づき恥ずかしいことをしたと感じる。


ところをいきなりぐっとひっぱり、抜いてやったものでした。

意気地のない子は痛がって逃げ回り、そのうちに八重歯になります。八重歯は、「わたしは我がままで、意気地無しです」という証拠だと大人たちは言っていました。

我がままなことも、意気地がないことも、人に笑われる恥ずかしいことでした。また、大人になればおかしくても大きな口を開けて笑えなくなるんだとおどかされました。

だから我慢をして歯を抜いてもらったものでしたが、歯が欠けたのをはやされてしょげていると、大人は、

「我慢した証拠なんだから、威張ってみんなにみせてやれ」

といってくれました。また、

「歯っこ欠けたなあ。痛かったべ。よく我慢したなあ」とか、

「今に立派な歯コぁ生えてくるんだからな」

と言って励ましてくれる大人もいました。痛いのを我慢して歯を抜いてもらったということは自分でよく分かります。

このように子どもが我慢したと自分で分かる時に、子どもをいっぱいほめたり、励ましたりして、我慢をするということはこういうことだと体験をとおして教えたのでした。

舌を出したら「舌出す蛇の子　舌出す蛇の子」とくりかえしはやしたてると舌を出す癖が直る。

舌出す蛇の子

人に向かって鼻をしかめたり、舌を出したりする子がいました。こうした子は「憎づりたかり」といって嫌われました。だから、その子がやめるまでこういって際限なくはやしたてて、そういう癖はやめさせたのでした。また、ちょっと失敗した時などにも、ペロッと舌を出す子がいました。そのままにすると癖になるので、一度だけはやして注意しました。

大人になってもちょっと失敗した時に舌を出す癖のある人がいます。若いときは愛嬌で許されますが、偉い人の前でもついうっかりやって恥をかくことになりますから、舌を出す癖をつけないようにこうしてはやしてやめさせたのでした。

　でぶちゃんが　岩に腰掛け海眺め
　蟹に金玉　はさまれて
　痛いっ　なにする　この畜生

わたしが子どもの頃は、戦中戦後の食料難のせいか太った子はいませんでしたから、ちょっと太めの子がこういってはやさました。

この唄は、西郷隆盛のことをうたっているといわれていました。この唄の元唄は、「西郷隆盛が　攻めてあずまへのぼる時　岩に腰かけ海眺め　蟹に金玉はさまれて　痛いっ　何するこの畜生」とうたうそうです。

西郷隆盛は長州藩と手を結び幕府をたおす中心となり新政府の一員にもなったが意見が対立してやめ、西南戦争に敗れて自決したと言われていた。手合わせ唄にも「わたしは九州鹿児島の西郷隆盛娘です。明治十年戦いに切腹なされた父上のお墓参りにまいります…」とうたっている。

あんな唄っこは、もう唄んねぇ

子どもの頃、「片けぁっぺだど」と、噂をされていた年下の男の子に、泣きたくなるほど意地悪をされたことがありました。

ある時、友だちと二人でその男の子の家の側を通った時に、その男の子が、何人かの男の子たちと橋のところで水浴びをしているのを見かけました。

子どもたちは橋げたにのぼっては、ざぶんと川に飛び込んで遊んでいました。

とても楽しそうなので立ちどまって見ていると、意地悪をされた男の子がわたしたちに気づかずに、橋げたにあがったのです。

それを見て、素っ裸では追っかけて来れないと思い、その男の子に向かい、

けぁっぺ　けぁっぺ

子どもは勝ちたいから相手の弱みを見つけて容赦なくはやしたてる。

そしてはやされた子が泣いたり怒ったりするのを見て悪かったと気づく。

悪かったと気づくから相手の気持ちを思いやる気持ちも育って「もう言わない」と思うようになる。

片けぁっぺ
片金とられで　片叫びぃ

と大声ではやしたてたのでした。一緒にいた年上の男の子たちはどっと笑うし、その子は水に入ることも忘れたのか、橋げたにつかまって恥ずかしそうにしていました。

わたしたちは意地悪をされたことへの仕返しですから、ますます大声を張り上げて、何度も何度もはやしたてたのでした。すると、

「このわらすどぁ、なにしておれぁの……」

と怒鳴る声がして、その男の子の母親らしい人が田んぼ道を手を振りまわしながら走ってくるのが見えました。

わたしたちはあわてて駆け出し、息をきらして走りました。そして、追いかけてこないと分かると安心し、

「唄っこはやしただけなのに、おかしねぇ（変な）親だなあ」

といって笑ったのでした。

子ども同士のはやしあいなのに、負けたら親が怒って追いかけて来るなんて、本当に変な親だと思ったのです。

それで、さっそく隣家のおばあさんにそのことを話すと、隣家のおばあさんは、

子どもは、まだ自分のことが分からない。

相手のことも分からない。

相手も自分をよく分からないんだということも分からない。


「そうだなあ。怒りっぽいとか、気が弱いといったことは、自分で直すことができるんだが、なかなかなおされねぇこともあるからな。ほだから、どこか悪かったらそうしたことを自分で分かって、そのことになれて、強くならねぇばねぇんだって昔の人たちは教えてるんだと。それでそうした唄っこもあるんだと」

と言っていました。

「かわいそうだってやさしくばかりしたり、弱みに触れないようにするのは、その人を無視したと同じことなんだと。ほだから、弱みを持った人は、悔しいことも、悲しいことも、みんなに見てもらって、丈夫な人は、そうしたことを見せてもらって、どうしたらいいか本気で考えてやるもんなんだと」

とも言っていました。

わたしたちは意地悪をされたお返しに、ほかの唄と同じようにからかってはやしたのでしたが、隣家のおばあさんの話を聞いているうちに、とても悪いことをしたような気がしたのでした。そして、

「俺ぁ、あんたな唄っこは、もううたんねぇ（うたわない）」

と思ったのでした。

「なんだ？」
「なんだら虫の食ぅ欠け」

自分の気持ちを相手に伝える

幼い子をさそう

大人がザルにいれて何かを持って来たような時、幼い子が、

「それなんだ？」

と聞いて覗こうとします。すると大人は「さあ、なんでしょうね」

という言葉のかわりに、

なんだら虫の食ぅ欠け

と唱えて反対側に隠します。隠されると見たいから幼い子はまた、「なんだ？」と聞いてそっちに回り覗こうとします。大人はからかって、また、「なんだら虫の食うかけ」と同じ言葉を唱えて隠します。幼い子は隠されればますます見たいから、「何だ」「何だ」と言って大人の後を追いかけます。

こうして大人は子どもに「見たい」という気持ちで、どこまでも追っかけさせてから「ほらぁ」といって見せたものでした。


「なんだ？」

「なんだら虫の食うかけ」

「ふうん」
では駄目なんです。「見せないよ。良いものがはいっているんだよ」
というようにして大人は、子どもの気を引きこんで、見たいように
誘いかけて、子どもに問いかけさせる気持を起こさせるのです。

「どこさ行く?」

と子どもが聞いたら、大人は、

「さあ、どこへ行くところかな」いう言葉のかわりに、

どこどんぶり　橋の下

と唱えてからかいます。こうした唄は、はやして終わりというもの
ではありません。言葉を交わすきっかけで、

「どこさ行く?」

「どこどんぶり橋の下」

「おらも一緒に行く」

というようにしてくっついで行く訳です。

「見せてぇ」と言ったら、

「道頓堀は橋の下」とも唱える。「道頓堀は大阪にあるんだど」と隣家のおばあさんが言っていた。子どもの頃の思いは続くもので、それ五十年近く経ってから道頓堀に行って見た。

子どもは親が育てるものだが、子ども同士でなければ育たないこともある。だから大人は友だちづくりを手伝ってやることも大事。

見ねぇものぁ　めんこ（おりこう）
見た者ぁ　めくされ（未熟者）

とはやしてからかいます。「見なかったらおりこうさん　見た者は未熟者」ということ。

「めくされ」と言われても、「見せて」「見せて」と言っているとだんだん声が荒くなりました。

絶対に子どもには見せられない物もあるのです。子どもは、それをはやされているうちに感じとり、「からかう時もあるけれども、本当に見せられないものもあるんだな」ということが、はやす声の調子とか態度でなんとなく分かったのでした。

だから、まだ学校に入らない頃でも、大人が甘い声ではやす時にはからかっているから、また、聞いてもいい。きつい調子ではやされたらもう、聞かれないと、同じ言葉でも声で判断できるようになったのでした。

子ども同士ではやす時には、こうした声の調子で聞き分けることが大事であり、相手が甘い調子ではやす時にはからかっている時だから、また聞き返しましたが、きつい調子ではやされたら、もう聞かなかったものでした。

はやされると、悔しかったり、恥ずかしかったりした。はやされるということは相手に笑われ、恥をかくこと。

だから二度とはやされるもんかという気持ちなり、相手に返す唄を覚えた。

はやされて泣きたくなのも、怒りたくなるのも、相手がはやす唄の言葉のせい。

はやされたら、すぐに自分の気持ちを、はやし唄を使ってはやし返せば勝ち。

もらう時・あげる時

物をもらう時は、両手を重ねて「ちょうだい」をしてもらうということを、赤ちゃんの頃から繰り返し教えますが、それでもまだ、身につかない子がいて、人が持っているものを見ると欲しがり、

「けろ（呉れ）」

と気安く言う子がいました。そうした時には、

けろけろと（呉れ呉れと）
こずぐ（せがむ）　ほえど（乞食）にぁ
けだぐもねぇ（あげたくもない）

とはやしてぱっと隠しました。「あげようかな」と思っている時に「けろ」と言われると、人はあげる気がしなくなるものです。どんなに欲しくても、人の物は人がくれるまで待つもの。自分からは乞わないものと教えたのです。気が弱い子は、

「けろ」

と言われた時、断れないで奪われてしまいます。だからそういう時には、それを見ているほかの子が、「けろというお前は乞食と同じだ」という意味でこうはやしました。

「けっか」
「うん」
「かがつくから　考えよ　よ
がつくから　よさそ…」

「けっか（あげようか）」と言って物をのべられて、
「うん」
と言って手を出すと、さっと引っ込めて、

けっか
かがつくから　考えよ
よがつくから　よさそうだ
だがつくから　だあめ（駄目）だ

とうたわれることもありました。人には物を分け与えるものと教えられていますが、あげたくないよと大声でうたって、さっと後ろへかくし「欲しいんだべぇ」とからかうのでした。

「人の物は欲しがるな」と言われて育っているのですが、それでも自分から「くれ」と言ったのではなく、向こうから「くれる」というから、つい手を出してしまうのです。

それなのにこう言って大声ではやされると、
「欲しいんだって」
とみんなに言いふらされているようで、ものすごく恥ずかしくて、乞食のように見られたのが悔しくて、延べた手のやり場に困ったも

「飴っこ買ったら袋っこけっから」
「けろ」

のでした。こうして、相手はくれる気などないのに、見せびらかして言うこともあるということを知ったのです。そうすると次からは、「けっか」と言われても、

「いらねぇ」

と言って断りました。くれる気があれば、「けっか」とは言わない。最初から、「はい、あげる」という筈だと気がつくから、それからは「けっか」「見せっか」「貸すか」というように、おしまいに「か」のつく言葉には用心をして、すぐには手を出さないようになったものでした。

また、あげたくない物もあります。そういう時に、「けろ」と気安くねだられたら、

飴っこ買ったら　袋っこけっから

とはやしました。飴を買ったら袋をあげるとは、「あげない」ということです。

親しい仲で断るのはちょっと言いずらい時もあるものですが、唄だから、すっと言えます。また、親しい仲だからあげるつもりでいても、ちょっとからかってこう言ってみる場合もありました。

子どもの時に、人から物をもらう癖をつけると、人の物を欲しがる大人になると言われていた。

もらい癖がつくと、大人になれば、もらえない物はお金を出して買う。

自分を抑える力をつけてもらっていないから、あれも欲しい、これも欲しいと買っているうちに、無駄遣いをする大人になる。

だから、子どもに「人の物は欲しがるな」と言って育てた。


断るということは難しいことです。だから親しい者同士でこう言ってはやしあって、断ることに慣れさせたのでした。

人に物を分け与えることを嫌がると、赤ちゃんの頃から「根性カメだ」とか「欲張りだ」と言ってからかわれました。

こうしたことは人に嫌われることであり、恥ずかしいことです。だから小さい時からはやされて、どんな子もあげるようになったものですが、あげたものが極端に少なすぎると、大人に、

有り難でぇ　有り難でぇ　蟻っこのけっつ（尻）
尊でぇ　尊でぇ　鶏っこのけっつ（尻）

といってうたいはやされました。また、

「もらうにはもらったから有り難いが、たったこれだけか」

という言葉のかわりにも大人はこう唱えました。有り難いが不満だということです。

赤ちゃんの時から、もらったら、

「どうも」

と言うように教えられて育っているのですが、もらったものが少な過ぎる時には「どうも」と言う気になれません。すると、

「有り難うって言え」

と大人から礼を言うことを強要されました。そうした時にも、こうはやして逃げたりしました。また、子どもも大人から学んで、大人からもらったものが極端に少なかったら、思い切ってこういってはやすこともありましたが、そうすると多くもらえるようになったものでした。

　後で分かったのですが、大人は子どもにこうした言葉を言わせたいから、わざとほんの少ししか呉れないこともあったのでした。

　人はそれぞれですから、人に物を与えることを嫌がる子もいれば、人から物をもらうことを遠慮して、なかなか受け取らない子もいました。

「よその人から物をもらう時は、すぐ手を出すものではない。欲しくても一度は遠慮するものだ」

と教えられました。

　これは礼儀のうちだから、よそに行った時には、すぐに手を出さないで、一度は断りました。

　すすめる方もこうしたことは分かっていますから、

「まず、そう言わないで」

とすすめてくれました。

言葉や文字からだけでは、恥をかいた時の本当の悔しさは分からない。

　実際に恥をかいて恥をかいた悔しさが分かる。

　恥をかいた時の悔しさは、二度とこうしたことはやるもんかと思う。

　そう思ってやらないことで人は伸びる。


　ところが、子どもの頃はなかなかうまくいかなくて、「もう一度すすめてくれたらもらおう」と思ってぐずぐずしていると、

「本当にいらねぇのか。うめぇ（おいしい）のになあ」

と言われて、もらえなくなったりしたものでした。

　人から物をもらうことを遠慮してためらうことを「もっけがる」と言います。また、遠慮し過ぎることを「猿っこずぎ」と言います。本当は欲しいくせに猿真似をして、遠慮をする振りをしているということです。いつも猿っこずぎをすると嫌われます。だから、一回は遠慮して、次ぎにすすめられたら、

「どうも」

と言って気持ちよくいただく。そうした時に、子ども同士だったら、

「有り難う。悪いな」といった言葉のかわりに、

　　もっけ　もっけ　花もっけ

とうたってもらったものでした。

　残ったものを全部もらうということは、欲が深いようでなかなか手が出しずらいものです。そういう時に「あるだけ全部もらいます

はやし唄の遊びは、遊びを通して人はどんな気持ちをもっているのかということを知る遊びが多い。

子どもは負けたくないから相手の痛いところを突いて相手から言葉を引き出す。

相手も負けずに言葉を探してやり返すから、大人になればあまり外には出さない気持ちを、お互いにありったけ見せ合うことになる。

よ」という言葉のかわりに、

蟻っこぁ　ありまづすでぇ

と唱えて最後に残ったものを全部もらう人がいました。

「蟻っこは有り次第」ということ。

本当は自分も欲しいのですから、黙ってとられると、ずるいという感じがしますが、こう唱えられると、「もう無いな」と当たり前に受けとれたものです。大人同士でもよくこう唱えました。

かんからかんの　かん鉄は
三十になっても　がが（嬶、嫁）持だねぇ（持たない）

少し大きくなると、人に物をくれたがらない子を大人が、こういってはやしたてました。「かんてつ」とは悪口で、堅すぎる奴とか物分かりの悪い奴のこと。「あまり堅すぎると変わり者と見られて人に好かれないんだぞ」という意味にとりました。

昔は早婚だったので、三十歳になっても結婚をしないと、嫁に食わせるものを惜しんでいるという言い方をされ、変わり者と見られ

「わたしにもちょうだい」という言葉のかわりに、「誰ぁバカだ　へいぼくだ　提灯買いに…」とはやすと困ったような顔をしていたが、分けてくれた。

ました。三十歳になってもがが（嫁）を持たない男が、飯を食わないという嫁をもらったら「ヤマハハ（山姥）」だったと語る昔話もよく聞かされたました。何か食べる時は自分ばかりみせびらかして食べないで、必ずみんなと分けて食べるようにと教えられ、小さいものでも、そこにいるみんなと分け合って食べたものです。それなのに、たまには隠して食べている子もいました。そうした時には、

誰ぁ馬鹿だ　へいぼぐだ（とうへんぼく）だ
提灯買いにやったれば
べご（牛）のふぐりを買って来て
誰さも　見せねぇで食ってしもた

とその子をはやしたてました。「自分だけ食べているお前のやり方は、提灯を買いにやったら似たような牛のふぐりを買って来て、誰にも見せないで食ってしまった大馬鹿野郎と同じだぞ」ということ。

仲間と分かち合うという「決まり」を破った者を非難し、分け前を要求する時の唄です。

みんなで何かを食べる時、同じ物が人数分無い時に、ありあわせ

の物をたくさん出して、

　　銘々のきっき　いたちの子っこ

と唱えました。「いたちは好きなものを持って集まり、同じ所で別々の物を食べるんだと」と言われていて、子どもたちはそうしたことも語り合いながら、「銘々のきっき　いたちのこっこ」と唱えて別々のものを食べたのでした。

　こうした言葉がないと、みんなと同じでないのが面白くないものですが、こう唱えられると「そうか」と思ったものです。

　食べ物だけではなく何でも、分けるものが同じでない時にはこう言って唱えます。

「けっから（これをあなたにあげる）」

といって、いったん人にあげたものを、

「よごしぇ（よこせ）」

と言って取り返す子がいました。また、貸したものを、同じように「よごしぇ」といって取り返す子もいました。

　するとそれ見ている子が、

大人たちは「人数分無いから、銘々好きなものをとって食べてください」という時に「銘々のきっき　いたちの酒盛り」という諺を唱えた。

「きっき」とは得意とか好き好きといった意味にイタチの鳴き声を掛けた言葉。

お猿、ござる、小猿といった同じような言葉が使われているのを面白がって早口言葉として唱えて遊んだりもした。

よごしぇ（よこせ）　横座さ（家の主人の座る場所）
糞たれで（糞をして）
がが（母親）に　さらせで（攫わせて）
眺めで見でだ

と大声でうたいました。大人にも、こういってはやされました。「よこせ」というお前は、この唄の言葉と同じくらいものごとを知らない、大馬鹿野郎と同じだぞということ。いったん人にあげた物を返せと言って取り返す奴は馬鹿と同じ。
　貸したものも、「よごしぇ」ではなく、「貸して」といって返してもらうと教えられました。

お猿のけっつ（尻）は　真っ赤でござる
子猿のけっつ（尻）も　真っ赤でござる

　相手の言い分に対して、言い返したいが言いにくい場合、あるいは自分の考えとはちょっと違うが、それほど言うなら仕方ない、と相手の言い分に従う場合にこう唱えました。こう唱えられると相手の気持ちが分かるから、「どうも有り難う」という気持ちを込めて、

「もっけもっけ　花もっけ」と唱ました。
　話を聞くのがくどくて、
「なすて（どうして）」
とうるさく聞き返す子がいました。聞くことはよいことですが、あまりくどすぎると、
　何すて（どうして）　なんばん（南蛮）
　辛くて　かれねぇで（食べられないで）
　されぁ投げだ（放り投げた）
とはやされ、後は何も言ってもらえなくなったものでした。わたしも子どもの頃、祖母に聞き返すと、「人の話は一度聞いたら覚えるものだ。二度も三度も聞き返すもんでねぇ」と言われて聞き返せなかったものでした。

　物をやたらと汚がる子がいて、「汚い」というと、
　汚ねぇ（北ねぇ）ば　三角だ

「辛くてかれねぇで」とは「南蛮（とうがらし）が辛くて食べられないので」ということ。「くどい」ということを方言で「からくでぇ」というので「辛くて」にかけて「くどいことを言うお前は食えない奴だ」という意味にとる。「されぁなげだ」とは放り投げた。見限った。相手にしないといった意。

「持ってこ（来い）」
「もってこの皮かぶれ」

とはやされました。汚ければ（北無ければ）、東西南北の北がなければ三角だということ。

誰かに物を持って来てくれるように頼む時に、

「持って来ぉ」というと、

持って来の　皮かぶれ

と言ってはやされました。「そういう言い方は、皮をかぶって隠れたいくらい恥ずかしい言い方なんだぞ」ということ。

人に物を頼む時には、「もって来い」と命令するのではなく、「持ってきて下さい」とお願いをするものだと教えられました。

隣の家の庭で友達のせっちゃんと遊んでいると、突然、野辺送りの人たちが叩く太鼓の音が聞こえてくることがありました。法華宗の太鼓の音で、現在は打ち方が違いますから音も違いますが、わたしたちが子どもの頃は、

「だんだに死ね死ねって鳴ってるんだと」

と言われていました。だからそうした太鼓の音に合わせて、

はやし唄は、実際に相手に向かってはやしたり唱えたりした唄だから、唄の言葉と一緒に、はやした相手を思い出す。

唄の一つ一つに恥ずかしかったり、悔しかったり、得意だったりした思い出があり、唄の言葉と共に心の助けになってくれる。

「だんだんに死ね死ね…」とはやすと、

「縁起でもない」と叱られました。

「だんだに」とは「しだいに」とか「今に」ということです。だから大人に用事を言いつけられた時、すぐにやらないと、

だんだにしねしね

法華の太鼓

ときつい口調ではやされたものです。人は生まれた時から次第に死へ近付いている。短い一生なのにぐずぐずするな、と太鼓の音が言っているということでした。だからこう言ってはやされると、深い意味は分からなくても、怠けるのは怖いような気がして、言われたことをすぐにやるようにしたものでした。

「いいでしょ」ということを「よかべ」と言います。こうした言葉を使ってはやした唄に、

よかべ　こうやぐ（膏薬）

はっつけろ（貼りつけろ）

「縁切り、もっきり、これっきり」と同時にはやして別れることもある。

とはやす言葉があります。こうした言葉は「いいでしょう」と仕方なく賛成する時、あるいは「やるにはやるが、そんなことでうまくゆくのか」としぶしぶ賛成する時、または「それなら思い切ってやってみよう」と大賛成をする時など、動作とか声の調子で使い分けます。「こうやく」とは、打ち身とかひびなどに貼った貼り薬ですが、くっついたらなかなかはがれませんでした。だからこの言葉は「賛成したから文句は言わない」という意味にとります。

「もうこれっきりしかない」という時とか、「もう絶好だ」という言葉のかわりには、

　縁切り　もっきり　これっきり

と唱えました。「もっきり」とは一杯酒のこと。

川へ水泳ぎに行く子へ、または、泳いでいる子に「危ないから気をつけろ」という意味で、

　流されるずど　石の巻さ行ぐ

とはやしました。猿ケ石川で溺れると石の巻まで流されるんだぞということ。石巻は仙台。仙台と言えば「原の町」も仙台にあると言われていました。猿ヶ石川の流れは原の町の方向へ流れ下ります。食べた物も腹へ向かって下ります。原の町を腹の町ととります。だから「食ってしまった」という返事のかわりに、「腹の町さいった」と答えて面白がったりしたものでした。

「痛い痛い」と大袈裟に騒ぐ子をからかって、

痛《え》だがら　えだづ（いたち）の　糞つけろ

とはやしました。「それくらいのことは我慢しろ」ということ。

こういう時は、大丈夫と思うから寄っていって慰めようともしない。それで「これくらいのことは大丈夫なんだ」と自分でも分かる。

待っていた子がやっと来た時には、「待ちかねていたよ」という言葉のかわりに、

来ったか　長さん　待ってた　ホイ

平成七年に「北上市立鬼の館」でそのお化けの金太を見た。黒い烏帽子に真っ赤な顔、首から上で、首のところにたれている太い糸を引くと真っ赤な長い舌を出し、真ん丸い目の色が変わる。熊本県熊本市の郷土玩具。

とはやしました。はやす声の調子で、「来た。来た。待ってたよ」という喜びの言葉にもなりますし、「やっと来たか。待ちかねていた」と相手を非難していう言葉にもなります。

遅れて来て分け前をもらえなかったりした子には、歌舞伎の口調を真似て、「遅かりし　由良の助」と唱えました。

いつの間にか誰かが自分の側に立っていて、「どきっ」とさせられた時には、「びっくりするじゃないか。来たら来たというものだ」という言葉のかわりに、

来たとも言わずに　金田さんが来たよ
金田さん　神経ぁ　病める

とはやしました。

みんなと一緒の時には、聞かれて困る話をしていることもあるものだし、自分だけの時には人に見られたくない格好をしていることもあるものです。だから、言葉で言えない時は咳払いをするとか、足踏み（足音をたてる）をするとかして、相手に来たことを知らせるものだと大人たちは言っていました。

聞くつもりはなくても、黙って立っていれば立ち聞きをしたのと同じこと。聞かれたと思われて気まずくなったり、言いふらしたと思われて後で恨まれたりするから声をかけろということです。こうしたことは大人になった時の人間関係にとって大事なことです。

五、六人で遊んでいる時に、誰かが、「用ぁできたから家さ行く」と遊びから抜け、また戻って来た時に、「居なかったのか?」と聞くと、

オランダから　来たんだ
来たんだから　居たんだ

と答えました。「用を言いつけた人が居なかったのか?」という問いに対して、「おらん（居ない）、だから来たんだ」と言うことになります。

この言葉は、昔、二百年続いた鎖国が終わって長崎にきたオランダ人のしゃべり方を真似た言葉だと言われていました。唱え言葉として唱えて遊んだりもしたものです。

「へええ、それは初耳だ」と言う時に、「初めて聞いた記念のキ（木）」と唱えた。偉い人が来ると「記念樹」が植えられるようになったことへの大人の諷刺を子どもが真似た言葉。

相手の話の切り出しがもたもたしている時には、

話ぁ早ぇどこ　あんこ餅ぁ

あっつ（熱）どこ

とはやしました。「熱いうちに食べた方がおいしいよ」という時にもこうはやします。「話ぁ早ぇどこ　小豆団子ぁあっつどこ」とも言います。

昔の父親は頑固で、威張っているのが普通でした。子どもに怖いと思われるくらい、父親は、子どもの将来を思って厳しくしつけたのです。子どもたちは、そうした親父に対する当てこすりとして、諺を間違えたふりをして、

地震　雷　火事　おやじ

と大人の前で高々と唱えて面白がったりしました。すると大人も、それに気づかないふりをして、「地震　雷　火事　泥棒」というもんだ」と言ってなおしてくれたものです。

とうじんさん

毎年、冬になると、越中富山から大きな包みを背負った薬売りがやってきました。わたしたちは、そうした薬売りのことを「とうじんさん」と呼んでいました。

「冬になると来るから冬人さんなんだと」

という人もあれば、

「昔は唐人が薬を売りに来たので、唐人さんと呼ぶんだと」

と言う人もいました。また、「東北は米の代金が入らないと薬代を払えないから、それで、とうじんさんは、冬にやってくるんだと」とも言われていました。

どれが本当なのか分かりませんが、わたしたちはどれも本当の事として、冬になると必ずやって来る、とうじんさんを待ったものでした。

とうじんさんは来ると、コタツにあたり、薬の効能を並べたてたり世間話などをしたりしながら、前の年に置いていった薬のうちから飲んだ薬の代金を受け取り、また新しい薬を置いてゆくといった商い方をしていました。

尻の長いとうじんさんは、一時間以上も話しこむことがありました。そして帰りには何段も重ねた行李の中から、薬の効能書きと一緒に、幾つかの四角な紙風船をおいていってくれるのでした。

おまけの紙風船には、桃太郎とか一寸法師の物語の絵があって、それを見るのが楽しみでした。

小さい時は早くみたくて、祖母と同じようにとうじんさんの側にお膝っこをついて（正座をして）紙風船をもらうまで、じっとおとなしく待ったものでした。

大きくなってからは、隣家で友だちと遊んでいると、そのとうじんさんが雪の中をやって来ました。だから紙風船をもらうのを楽しみに、友達と二人でとうじんさんが紙風船を置いて行ってくれるのを待ったものでした。

ところが、とうじんさんは話し好きな隣家のおばあさんと、遠い土地の話などをしてなかなか帰りそうもないのです。さも紙風船を欲しそうにとうじんさんの側に座って待つのはみっともないし、遊びに出たら、とうじんさんは帰ってしまって紙風船をもらえないかもしれないと、わたしたちは橇っこの乗りにも出れないでその辺をうろうろしていました。

長い時間を待ったような気がしました。やっと、とうじんさんは腰をあげました。ところがとうじんさんは、話に気をとられたのか紙風船を置かずに帰っていくのです。紙風船をもらうのを楽しみに、

とうじんさんがやってくるのを一年も待って、やっと来てくれたと思ったら、とうじんさんは風船をくれずに帰っていくのです。そうしたとうじんさんの後ろ姿に向かって、わたしたちは声を揃えて、

越中富山の　千金丹
鼻糞丸めて　万金丹
それを飲む奴ぁ　あんぽんたん

とはやしたてました。はじめは小さい声で、とうじんさんが遠ざかるに従ってだんだん高く、しまいには小屋の角まで追いかけて行って、大声を張り上げて繰り返し繰り返し叫ぶようにはやしたてたのでした。

とうじんさんが置いてゆく薬の中に「千金丹」という丸薬がありました。この唄は、その千金丹にかけて、万金丹とか、あんぽんたんといった言葉を使い、「そうした何で作ったかのか分からないような薬を飲む奴は馬鹿な奴だ」とうたっており、とうじんさんの薬は、どの薬も効き目がないという意味になります。

諦めて、地面の雪に絵を描いて遊んでいると、いきなり頭の上で声がして、とうじんさんが立っていました。悪口を言ったのですか人に弱みを握られると人はつけ込んでくるということをはやし唄の遊びを通して子どもはなんとなく感じとる。

だから子どもは「恥になることはやらない」と思う。こうしたことは体験してみて感じること。自分を守ること。


ら逃げたいのですが、足がすくんで逃げられません。

「ごめん、ごめん、話に夢中で忘れていた」

とうじんさんはにこにこしながら、背負っていた重い行李を縁側におろし、また、何段も重ねた行李を解いて紙風船を出し、わたしと友達にくれました。

申し訳なくて、恥ずかしくて、逃げ出したいのをやっとこらえて、「どうもありがとう」と頭を下げると、とうじんさんは、「また来るからな」と言いながら頭をなでてくれました。

とうじんさんに頭をなでてもらうとすっきりして、年に一度しか来ないとうじんさんなのに、とても親しい思いがしたのでした。そのとうじんさんが来なくなると、かわりに若いとうじんさんがきました。息子さんだそうです。

このごろは、息子さんもわたしが子どもの頃に見たとうじんさんと同じ年格好になり、冬になると、やっぱり何段も重ねた行李を持ってやって来ます。

紙風船はゴムの風船にかわりましたが、とうじんさんは、そうしたおまけの風船や新しい薬と一緒に、子どもの頃の恥ずかしかった思い出も薬箱にそっとしのばせて置いていってくれます。

風刺をする唄

自分の気持ちを相手に伝える唄は、相手に聞こえるようにうたったり唱えたりしますが、相手を風刺する唄は、相手に聞こえたかどうか気にすることはなく、感じたことを当てこすりのように声をおとして唱えます。また、繰り返さず一度だけ唱えます。

ものは言ううちに　聞け
人は通るうちに　見ろ
屁は鳴るうちに　聞け

子どもたちが、屁をひったと騒いだ時などに、大人がこう言って唱えるのを聞き、真似をして唱えたものでした。また、唱え言葉として唱えて遊ぶのも面白かったものでした。

だまされ団子　はんべぇ（半杯）食った

相手をちょっとだまして、「今のは嘘だよ」とからかう言葉のかわりにこう言ってはやしました。「一杯食わされた」ということの半分

はやし唄は相手にはやされたらすぐにはやし返し、言葉を生かしてうたう。

相手をはやすことが楽しい頃は大声で相手をはやしたてて遊んだ。

だが、唄の意味が分かってくると相手をやっつけるような言葉を大声ではやすのは恥ずかしくなった。

それからは相手をそれとなく風刺して相手の出方を見るのが楽しくなった。

恥を知らない人は、笑われても気がつかないから平気で恥になることをして笑われて、何で笑われるのかと怒ってまた笑われて、恥を繰り返して生きている。

という意味。また、「なあんだ、騙された」と気がついた時に自分でこう唱えることもありました。

目糞ぁ　鼻糞笑った

人のことは言えないような駄目な奴が、似たような駄目な奴のことを笑った時に、それを見てそっとはやしました。

目糞　鼻糞　糞のうち

顔を洗わない子や目やにをつけている子をはやす。「顔を洗いなさい」ということ。

馬から落って　落馬した

同じ意味の言葉を重ねて言ったり、話がくどかったりした時に「くどいぞ」という意味でこう唱えました。

あっちは　お江戸

「あっち」
「あっちはお江戸」
「あっちは東京」ともいう。

方向を尋ねた時「あっち」とだけ答えたら、「あっちだけでは分からない。もっと正確に言ってくれ」という意味でこうはやす。

親分　子分　どぶん

悪くて強い子にばかりくっついている子をそれとなく非難してこうはやしました。「どぶん」とは川に落ちる音。「堕ちる」ととり、親分だ、子分だと言っているとろくな者にならないぞという意味。

頭ぁ腹えでぇ（頭は腹が痛い）
しじゃかぶぁ　（ひざ頭は）
めぁまる　（目がまわる）

気分がすぐれないという時にこう言って唱えました。仮病を使っている子には、当てこすりとしてわざと聞こえるようにこう唱えました。「お前の言っていることは、何を言っているのかさっぱり分からないぞ」と言いたい時にもこう言って唱えました。

なんと駿河の富士の山

「どうしたらよいのだろうなあ」という時に自分で唱えました。また、「それは困ったことになったなあ」と相手に同情してこう言って唱えたり、「どうするつもりだ」と相手を非難をして唱えたりしました。「どうする」の「する」に「駿河の富士」をかけています。

雨の降るときぁ　天気が悪い

「そんなことは当たり前だろう」という言葉のかわりに唱えました。同じような意味の言葉で「犬が西むけぁ　尾は東」とか「親父ぁ俺より年ぁよけ（余計）だ」と唱える言葉もあります。

おいちにの　すねがら（すね）さ
蚤ぁたがった（とまった）
あねっこ（若い女の人）　取ってけろ（くれ）
ぴんと跳ねだ

「おいちに」とは旅の薬売りのこと。「旅の薬売りのすねに蚤が止まった。薬売りがあねっことってくれと叫んだら蚤はぴんとはねた」ということ。

ちっとも怖くないものが体にとまった時に、大騒ぎをする子をこう言ってはやしたてました。また、母親（おが）にばかり頼っている子やいくじのない子は、「〇〇のすねがらさ　蚤ぁたがったおが（母）

や　取ってけろ　ぴんと跳ねだ」とはやされました。〇〇には、はやす子の名を入れます。

磨きずんじょう（人形）ぁ　鼻欠けだ

念入りにやり過ぎて、せっかく上手に出来たのにどこか傷めてしまった時に自分でこう唱えました。また、美人でない女の人が磨きたてているのを見て、「気の毒に」という意味で「磨きずんじょうぁ鼻欠けだ」と大人が小声で唱えました。「ずんじょ」とは人形のこと。「鼻欠けだ」とは、痛めたということと、すましたてているが醜いぞということ。

いかにも　たこにも　足八本

理屈に負けた時とか、「なるほど」と感心した時にこう言ってはやしました。

磨きずんじょ（人形）ぁ　鼻欠く

「磨きずんじょうぁ　鼻欠けだ」
見たままを言うのではなく唄でいうのがおもしろい。

「磨きずんじょうぁ　鼻欠けだ」。一つの言葉を二通りに使う。はやされた相手が気づかないのが面白い。

何かを作った時、「上手に出来たんだから、もうそれくらいにしたら。やり過ぎると駄目にするぞ」という言葉のかわりにこう唱えました。

あったら（もったいない）あねっこぁ（娘が）　墨つけだ

せっかくきれいにできたのに、染みをつけてしまったということ。顔が汚れているのを気づかせる時にもこう言ってはやしました。

一筆啓上　火の用心
おせん泣かすな　馬肥やせ

手紙は簡単明瞭にということ。この言葉を教えられていた鉄という人が軍隊に行った時、この言葉にならって、

鉄　丈夫　毎日腹が減る　金送れ

という短い手紙をよこしたという話があります。カタカナで書いてあったので「金送れ」は「金を呉れ」とも読めるから、その人らし

くない名文にみんな感心したと言われていました。

仕方が無ければ　お方も無い

「仕方ねぇ」と諦めやすい子に「また諦めるのか」という気持でこう唱えました。この言葉は、林子平（はやししへい）という人が言った言葉を真似ていると言われていました。他にも林子平が残した言葉だといって、隣家のおじいさんや父は「親なし　子なし板木なし　金もなければ　死にたくもなし」と唱えました。新聞には「親もなし　妻もなし　子もなし　板木なし　金もなければ　死にたくもなし」と載っていました。林子平という人は鎖国政策の愚かさを突き、幕府の怒りを買って獄につながれた人だそうです。

スリーケーツ　ポーツマース

日露戦争の時の講和条約が、アメリカのポーツマースというところで行われた時、もっと早くこうした条約が出来ていたらよかったのに遅かったということから、こうした言葉が生まれたと言われていました。方言で尻のことを「すり」とか「けっつ」と言います。

人は当てこすりを言う。だが怒ることはない。教えてもらったと思えば腹が立たない。

　教えてもらったと思って二度と同じことを言われないようにすれば伸びる。

当てこすりを言うのは楽しい。人は当てこすりを言って人を試す。
当てこすりを言われても気づかない人なら安心。
当てこすりを言われても気づかない振りをしている人はりこうな人。
当てこすりを言われて怒る人は付き合いづらい。
当てこすりを言う人は自分の欠点を教えてくれるありがたい人。
そう思って聞けば当てこすりを言われることも楽しい。

また、合わせて「すりけっつ（どん尻）」とも言います。こうしたことから「すりけっつ」と「ポーツマース」を合わせて「おそいぞ」とか「間に合わなかったぞ」という時にこう唱えました。

メジロ　ロシヤ　ヤコブ
ふんどし　しめた

しり取りとして唱えました。かくれんぼの遊びを途中でやめる時、隠れている子たちに知らせる合図として、「メジロ　ロシヤヤメタ」と何度も高く唱えたりしました。

あちらたてれば　こちらが立たぬ
両方立てれば　身が持たぬ

「どっちにもつけない。困ったなあ」という時に唱えました。

君だ　僕だ　白墨だ
白墨削って　粉薬
馬の小便は　水薬

新しがって「君」とか「僕」と言ったり、昔は筆字だったのが白墨（チョーク）で字を書いたり、昔は煎じ薬が多かったのに粉薬とか水薬といった簡単な飲み方をする薬が出たのを諷刺していると言われていた唄です。「馬の小便　水薬」とうたっていますが、腹に子のいる馬の小便を薬にするといって本当に買って行ったものです。

来たっ
北は北海道
北海道には　熊がいる
熊がいるからおっかない
おっか（母）がいるから　大丈夫

誰かを待っている時に、なかなか来ないと待ちくたびれます。そうした時に、「来たっ」と言って、みんなが一斉に振り向いたらこの唄をうたいます。
「なんだ、騙されたのか」と分かっても、待っていたいらいらが治ったものです。

気管カタール　肋膜は

肋膜炎とか腹膜炎のことを蔭で、かぐらやめえ（神楽病）といった。「かぐらやめえ（神楽病）にかかったずぁ（かかったそうだが）てぇへん（大変）だなあ」といった言い方をした。

神楽を踊る時は幕を張ったすぐ手前で踊る。肋膜炎腹膜炎といった病気は結核にかかるすぐ手前の病気。どっちも「幕（膜）」のすぐ手前だから結核のことをかぐらやめぇ（神楽病）といった。

呼べば　はい（肺）と返事する

気管支炎とか肋膜炎、腹膜炎といった病気にかかると、肺結核にかかるちょっと手前だと言われていました。わたしたちが子どもの頃までは肺結核は不治の病と言われて、かかったら治すのは難しく、家族に肺結核の病人が出ると、伝染して何人も死にました。昔は一家全滅ということもあったそうです。

だから子どもたちは咳をすることを気にして、咳をする子に「気をつけろ」という気持ちでこう言ってはやしたのでした。

月夜の晩に
火事ぁあって
水車の水で消したれば
木兵衛の
金玉さ
泥ぁ跳ねだ

月曜日から土曜日までをうたっています。小さい時はこうした唄で曜日を教えてもらいましたが、言葉が面白いので唱えて遊ぶのも楽しかったものでした。日曜日がうたわれていないのは、「月給」を取る人が珍しかった時代に、そうした月給取りに対する当てこすりとしてうたい出された唄だからだそうです。

どこどっこい　土方の子
どごとっても　めんこくねぇ

鉄道とかダム工事の仕事をするために、他の土地から遠野へ大勢人夫たちが入って来たそうです。そうした人夫たちはほとんど他国から来た家族づれの人夫で、工事が終われば、また、よその土地へ移っていったそうですが、土方の子とはそういう人たちの子どもということ。昔、二人ずれが通るのを見てある人が、「土方と人と歩ってだ」と言ったという話もあります。こうした言葉は、開発されて行くことを恐れた人たちの憎しみが、実際にそうした仕事にたずさわる土方に向けられた言葉だそうです。

火事だ　火事だ
どごぁ（どこが）　火事だ
停車場の豚小屋だ

「どごどっこい」とは「どっこいしょ」と物を担ぐ土方の掛け声。坊主憎けりゃ袈裟まで憎いと同じで、「土方の子は、どこをとってもかわいくない」という意。

豚のけっつぁ（尻が）　丸焼けだ

まっかな夕焼けに向かって大声でうたった唄です。

不審な煙を見付けた時とか、停車場に汽車が着いた時の煙を見てはやすこともありました。

この唄は、鉄道が初めて通ったばかりの時にうたいだされた唄で「停車場の豚小屋」とは肥え太った豚共、つまり「金持ちたちの建てた小屋」という意味で駅をさすと言われていました。

鉄道が通ることによって不利を見る人たちが、金持ちたちに対して、鉄道が経営不審に陥り豚共の尻に火がついて、この土地からいなくなってしまえばいいということからうたい出された唄だと言われていました。不利を見る者たちの中には、汽車の煙が田んぼの稲に害をおよぼすと信じこんでいた百姓たちも入るのだそうです。

でんぶ（でぶ）　でんぶ　百貫でんぶ
電車にひかれて　ぺっしゃんこ

でんぶとはでぶのこと。この唄も「停車場」の唄と同じように肥え太った金持ち共にうたっており、電車にひかれてぺっしゃんこ、とは、事業が失敗して、つぶれてしまえばいいとうたっていると言われていました。戦時中は食糧難だったので丸まると太っている人は珍しく、そういう太った人を見た時に、子どもたちは、子ども同士の口喧嘩のように見せながら面白がってはやしていました。

土方の馬鹿野郎ぁ
この坂　こしぇだが（こしらえたが）
おらばり（俺ばかり）　難儀する
ジャッチャ　ポッポ
ジャッチャ　ポっポ

高台にある隣家の庭で遊んでいると、軽便機関車が、「ポッポー」と甲高い汽笛を鳴らしながら、猿カ石川にかかった鉄橋をゴーゴーと音をたてて渡り、盆地へ入って来るのが見えました。汽車は向こうの山の山裾にある町の停車場に停まり、一息つくと、また、町をでて鴬崎を通り、白い煙を吐きながら仙人峠の方へと山間を縫うようにのぼってゆくのでした。こうした時に耳を澄ますと本当に、「土方の馬鹿野郎がこの坂を作った。みんなは乗っているから楽だろうが俺ばかり難儀する」と言いながら、蒸気機関車があえぎあえぎ坂

軽便鉄道は、昭和二十四年に柏木平・遠野間が広軌となり、越えて二十五年には釜石線の全通をみた。

をのぼってゆくように聞こえたものでした。

雨が降りそうな日は、ことに音が近く聞こえました。だから、ジャッチャポッポ　ジャッチャポッポとあえぎあえぎのぼってゆく蒸気機関車が気の毒になり、いっぱいに開いた手を機関車の車輪のつもりで腰にあて、大きく回しながら、友だちと二人でこううたって庭を一生懸命走り廻ったものでした。

よけろっ　よけろっ　みなよけろっ
兵隊さんがきたから　みなよけろっ
よけねぇば　隊長さんに　叱られる

「よけろっ」とは「どけっ」ということ。地面を使って絵を描いたり「国っことり」とか「字隠し」などをして楽しく遊んでいると、男の子たちが、こう言ってうたいながらわざと遊んでいる真ん中を歩くのです。何とも手出しのできないことでした。

唄の節は軍隊の起床ラッパと同じだと言われていました。だからこう言ってうたわれると「仕方がないな」と思ったものです。この遊びは日本の軍隊のやりかたを風刺している唄です。

「よけねぇば村長さんに叱られる」ともうたいました。村長さんはやし唄には、唄を使って相手をからかったり、やり込めたり、欠点をついたり、いやならいやときっぱり拒絶する遊びがあった。
　こうした遊びの言葉は話し言葉としてはなかなか言えない言葉だが、唄だから簡単に言えた。相手もそれに返す唄があるから負けずにはやし返した。
　こうした唄の言葉のやりとりは、大人になれば隠されて見えにくくなる人の本心。子どもはそれを見せあって人の気持ちの裏側を知った。

のやることも軍隊と同じだということ。

ルーズーベルトとチャーチルが
こうりゃんばたけでないていた
それをみていたとうじょうさん
はらをかかえてワッハッハ

太平洋戦争の時の唄。子どもはこうした唄をとおして、戦争の先にたっている人たちの名前を覚えたのでした。

そうだ　そうだ
そうだ村の村長さんが　死んだそうだ
葬式まんじゅうぁ　でっけぇそうだ
中のあんこぁ　ねぇそうだ

仕方なく「そのとうりだ」と賛成する時にこう言ってうたいました。また、誰かが人の言いなりになっているのを見てうたったり、「そうだ」と責任のない噂話ばかりする子への当てこすりとしてもうたったりしました。「そうだ、そうだ」と相手に調子を合わせるごま前が見えない時は、考えてばかりいては前に進まない。まず、やる気を起こす。そして、こうなりたいとか、こうなってみせると自分の気持ちを自分の言葉にする。そこから前に進める。

すりの子にもうたいました。

「そうだ」という言葉がたくさん使われているのが面白いので、舌をかみそうになりながら早口言葉としてもうたって遊んだものでした。この唄は風刺になったり、遊びになったりしますから、言われた本人が自分のことだと気がつかないこともあり、それが面白くて、遊びのように見せて、みんなで誰かをからかうのも面白かったものでした。自分の意志とは関係なく、なんでも「そうだ」と従わなければならない時代でしたから、「そうだと言えばいいんだろ。面白くもない」と世の中に向かってうたうこともありました。相談をしなくてもみんな同じ気持ちでしたから、誰かがうたいだせば声をそろえて大声でうたったものでした。

たんたん狸のうんうんうん
風もないのにぶうらぶら
それをみていた嬶猿が
腹を抱えて　ワッハッハ

「たんたん狸の…」とうたう唄の節に似ています。戦争中は子どもも我慢をすることだらけでした。だから、逆らってもどうしようもないという時にうたって気晴らしをしたのでした。

宗教にうたう

宗教をはやす唄として唱えて遊んだ唄があります。こうした唄は、お互いに他の宗教をけなしあって唱えたと言われていました。子どもたちは面白がって唱えて遊んだものでしたが、このようにして子どものうちに口遊びとして他の宗教のことを教え、自分たちの信じる宗教を守ったと言われていました。

ひいお爺さんと並んで神棚にむかい、「あとう」と手をあわせて神様を拝む。

和尚様が唱えるお経の中に「いっさいくうやくしゃーりーしー」という言葉がたびたび出てきます。

誰かが亡くなるとすぐに、親戚から隣近所の人たち、知人などが集まってきて、悔やみを述べます。これを口悔やみと言います。亡くなった時の様子を語り合って死者との最後の別れをします。それから葬式の支度が始まり忌み明けが済むまで、何日も大勢集まってくる人達のために、むったり（休むことなく）食事を作るのです。「死人がもの食う」とか「死人が一晩泊まれば、一年分の米を食う」という言葉も伝えられているように、何日も大勢で食べることが続仏教は、インドのシャカがはじめた教えであり、仏教は中国から朝鮮半島をへて日本に伝わったと言われていた。

聖徳太子は熱心に仏教を信仰した。聖徳太子は仏教の教えをもとに天皇中心の国づくりをめざした。

きます。こうしたことは「食ってすけることが功徳だ」と言われていてお年寄りから子どもたちまで大勢集まったものでした。

そうした人たちのことを和尚様は、

一切食う役　シャー　リー　シー
一切食う役　シャー　リー　シー

「今日はみんなが　一切食う役で集まっている」といって、お経を唱えるのだと言われていました。

聖徳太子　食れってえし
八幡太郎か　在郷太郎か

日本に仏教を定着させたのは聖徳太子だそうです。だから聖徳太子が仏教を広めたために、仏の功徳だといって仏事のたびに大事な食糧をみんなに食われ大変な物入りだとこの唄は言っているということでした。「くれってぇし」とは大飯食らいの役立たずということ。八幡太郎とは、蝦夷の大将安倍貞任を滅ぼした八幡太郎義家のことで、義家はいくさの神様として祀られていると言われていました。だからこうした信仰を押しつけられたわたしたちの先祖は、「八幡太郎を信仰しろというが、八幡太郎は戦の神様なんだからおれたち百姓には関係ない。それに八幡太郎もおれたち在郷太郎も太郎がつく。同じ人間なんだ」という気持でこう唱えたと言われていました。

太郎たんぱき（痰壷）　猫のくそ
よくよく見たらば　犬のくそ

「太郎たんぱき」の太郎も、八幡太郎義家のことをいっていると言われていました。たんばきとはたんつぼのこと（汚い、とても嫌な感じ）こうしたことから八幡太郎は嫌ということ。八幡太郎義家はいくさの神さまとして祀られたので、百姓であるわたしたちの先祖は、「珍しい信仰かと思ったら、犬のくそのようにあちこちに散らばっている信仰と少しも変わらない。汚いし嫌だ」という気持ちを言いたくて、こうした唄を唱えたということでした。

太郎ほめれや　次郎ぁうらみる
次郎ほめれや　太郎ぁうらみる

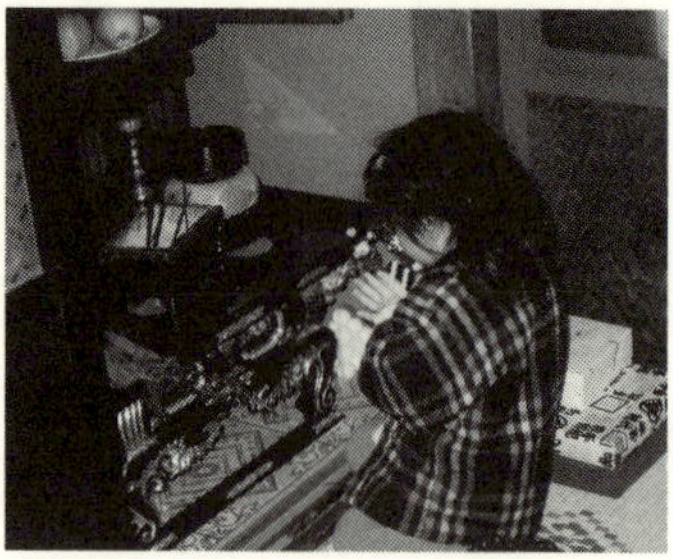
「あとう（ああ尊い）」
仏壇に向かい、手を合わせて仏さまを拝む。

わらべ唄にはどの唄の場合でもご先祖の心がうたい継がれていると言われていた。伝えられている言葉を別の言葉と替えてしまうと昔から伝えられてきたご先祖の心が伝わらなくなってしまう。

だから伝えられている言葉を一字替えても嘘になり役にたたなくなってしまうといって、少しでも違うと伝えられた通りにうたわせられた。

太郎とは、八幡太郎義家のこと、次郎とは加茂次郎義綱のことを言っていると言われていました。

八幡太郎義家も加茂次郎義綱も神様として祀られていたので、八幡神社側をほめれば加茂神社側が恨まれるし、加茂神社側をほめれば八幡神社側に恨まれる。どっちだっていいのに困ったなあという農民たちの気持ちをうたっていると言われていました。

ずっと昔、八幡神社は遠野の城主阿曽沼氏の氏神様として祀られ、加茂神社は妙泉寺で祀ったので、お寺の権力が強かった時代には、どっちにもいい顔をしなければならなかったので困ったと伝えられていたということでした。

東和町の丹内神社には、一棟のお宮に八幡太郎と加茂次郎とが祀られていました。こうした一棟二社造りは早池峰神社の建物の中にもみられるそうです。

やそ　くそ　どすのくそ
開けて見だらば　犬のくそ

やそとはキリスト教のこと、八その次に九そと続けています。「やそは珍しい信仰かと思ったらそこいらにある信仰と変わらないが、移りやすい怖い信仰だ」ということ。

隣家のおじいさんたちは、踏み絵とか、信仰をやめないために殺された人たちのことも語ってくれました。信じたらやめられない信仰がほかにもあり、そういう信仰は子孫に迷惑がかかるから、うっかり信じるものではないということも、こうした話が出る度に言われたものでした。

昔は、念仏宗、法華宗、キリスト教、それにもう一つの宗教がはいり、これを四大宗教といって、お互いに相手の信者が増えることを恐れたのだそうです。

なんまんだあ　かんまんだあ
餓鬼の念仏　なんまんだあ

念仏宗は「お念仏」と言って、人が亡くなった夜から野辺送りがおわるまで、毎晩、大きな数珠をみんなで回しながら念仏を唱えます。だから、「念仏宗は、なんまんだあ（何万だ、何万だ）と唱えているが、何万回唱えても餓鬼の念仏では効き目がない」とほかの宗教の人達がはやした言葉だと言われていました。子どものことをガキとも言いますので、餓鬼とガキ（子ども）をかけて子どもの念仏

キリシタン禁制。

豊臣秀吉は一五八七（天正一五）年、はじめて禁教令を発し、徳川一六十二（慶長十七年）農民の生活に則した事業をとおして布教を行った。

最澄と空海は、桓武天皇の命令で、唐にわたり仏教の教えを学んだ。二年後日本に帰った最澄は比叡山に寺をたて天台宗をひらいた。空海は紀伊（和歌山県）の高野山に寺をたて真言宗を開いた。空海は弘法大師という名で今も人々の信仰をあつめている。

法華宗は日蓮の教えで、日蓮宗ともいう。

では効き目がないというようにとりました。

だんだにしねしね　それしね
だんだにしねしね　それしね

法華宗の太鼓の音は、「人はだんだんに死に近づいて、命がつきれば死んでいく。それ　しねしね」と鳴ってと言われていました。寒になると雪の中を白装束の女の信者たちが十人位、こうした太鼓の叩き方をしながら一列になってやって来ました。これを寒行と言って寒のうちに三回、信者の家をまわりましたが、隣の家も法華宗でしたから寒になると太鼓の音が遠くで聞こえ、それからだんだん近づいて来て、必ずそうした太鼓の音が庭に入って来るのでした。

友だちと二人で障子を少し開けて覗くと、白装束の女たちが横にずらりと並んで太鼓を叩きながら、「なむみょうほうれんげきょう」と繰り返し唱え続けました。そしてお米などをあげると、また次の信者の家へと太鼓を叩き、「南無妙法蓮華経」と唱えながら雪道を遠ざかって行くのでした。

隣家の裏の道は集団墓地の前を通る道でしたから、遊んでいると急に法華宗の太鼓の音がして、野辺送りを見ることがありましたが、そのせいだったのでしょうか、いつ聞いても悲しくなるような、恐いような、寒気のする太鼓の音でした。

念仏宗と法華宗

わたしが数え年五歳の時、父方の祖父が亡くなりした。その時、祖母の家に親戚とか近所の人たちが大勢手伝いに来ていました。

わたしはそうした手伝いに来ている人達の間を、

「なんみょうほうれんげきょう　なんみょうほうれんげきょう」

と唱えながら歩き廻ったのでした。

すると、祖母がとんできて、いきなりわたしの頭を叩いたのです。祖母に叩かれたのは生まれてはじめてでした。それも親戚や近所の大人の人たちが大勢見ているところで。

叩かれる子は悪い子と思っていましたから、悪いことなどしていないのに、なんで叩かれたのか分からないので、わたしは面白くありませんでした。

たぶん、そのせいだったのではないかと思いますが、わたしは食器などを洗っている人たちの所へ行くと、伏せてあるからげ（すり鉢）に乗ったのです。

すり鉢の上にのる。

　ところが、すり鉢に乗ったとたん、そのすり鉢はあっけなくまっぷたつに割れたのでした。

「しまったあ」と思って辺りを見ると、

「何して（どうして）そんたな（そんな）真似するっ」

と祖母の声が飛んで来ました。

　するとわたしは、

「置かねぇばえかったんだ（ここに置かなければよかったんだ）」

と口答えをしたのでした。

　子どもは絶対に返答を返してはならない、と言われていた時代でしたから、祖母はもうカンカンに怒っていました。

　また叩かれると覚悟をしましたが、見ていた大人の人たちが、

「そうだ、そうだ、孫の言うとおりだ。置いた方が悪りんだ」

と言ってくれたので、わたしは祖母に叩かれずにすみました。

　けれども、そのあとで、大人たちは、

「小さい子が乗ったぐらいで、すり鉢が割れるはずがない。それなのにあっけなく割れてしまったのは、わらす（子ども）は神だというから、これはもっと別のよくないことが起こるしるまし（前兆）かもしれない」

とひそひそ声で語り合い、その日の話題にしたのでした。

見せられる。

祖父の葬式が終わると祖母は町へ行って新しいすり鉢を買って来ました。そして隣家へわたしを連れて謝りに行きました。

わたしはよその人に謝らなければならないのは初めてでしたから、とても怖くてどきどきしながら祖母の後をついて行ったのでした。

「まずまず、この間ハ　おら家の孫ぁ　こっつの（こっちの）家のからげ（すり鉢）壊してしまって申し訳ながんした」

祖母はそう言って隣家のおばあさんに頭を下げ、わたしにも頭を下げさせました。

ところが、隣家のおばあさんは、

「あのからげは、だいぶ前からヒビぁ入ってたから、割れて当たりめえだ。ほだから（だから）代わりのからげなど、おら、絶対に受け取んねぇ」

と言って、受けとらないのです。

「まんずそう言わねぇで。これは昔からの決まりだから」

と祖母も負けない。二人は「受けとってくれ」「受けとれない」と困ったぐらいしばらく押し問答をしていました。

祝儀、不祝儀などで大勢人が集まる時、食器など足りない分は、隣近所から借りて使ったものですが、そうした時に、すり鉢を壊したら弁償するというのが昔からの決まりだそうです。それで祖母は祖母は、わたしがすり鉢を割ったことは叱らないで、そのためにどんな事をしなければならないか、どんな思いをするかということを見せたり感じさせたりした。

すり鉢を買い、それを持って隣家へ謝りに行ったのでしたが、隣家のおばあさんは、

「孫のせいではねぇ。もともと割れていたんだから」

といって絶対に受けとらなかったのでした。

わたしは祖母にいっぱい小言を言われるに違いないと、覚悟をして待っていました。けれども祖母はそれっきりすり鉢のことは何も言いませんでした。何も言われないことの方が、わたしにはずっと気になりました。

真新しいすり鉢は、祖母の家の台所の棚にのっていました。棚の上の新しいすり鉢がいつもわたしを見ているようでした。

そして大人になり、いろんな事を見聞きしているうちに分かってきました。わたしの家は分家になったばかりでしたから、お仏様も仏壇もありませんでした。だからお経を聞くということは全くなかったのでした。

隣家へ遊びに行くと、隣家のおじいさんは、ご飯を食べる時にも、考えごとをする時にも「南無妙法蓮華経」と唱えました。寒になると、隣家は法華宗でしたから寒行の人たちが太鼓を叩ながら庭にやってきて、「南無妙法蓮華経」と繰り返し唱えました。また、遊んでいるといきなり太鼓の音がして、それから隣家の裏の道を共同墓地

へ行くお葬式の人たちが、太鼓を叩きながら「南無妙法蓮華経」と唱えて通ることもありました。だからわたしは、小さい子なりに祖父の死を感じとり、南無妙法蓮華経と唱えたのだと思います。けれども、祖母の家は念仏宗でした。あの時わたしは、

「なんまんだあ　なんまんだあ」

と唱えていたら、祖母は涙を流して、

「そうだ。そうだ」

といって喜んでくれたでしょうし、手伝いに来てくれている人たちにも「賢い子だ」とほめられて、祖母は鼻たかだかだったと思います。

それなのに、わたしは、手伝いに来てくれている人たちの前で、よその宗教の言葉を唱えたから、「仏が成仏しない」というので祖母にしたたか頭を叩かれたのでした。

また、話の種にされるということは、笑い者にされることで恥なことですが、わたしは、わざとよその家のすり鉢に乗ったり、返答を返したり、悪たれっ子のやることを、手伝いに来ている人たちの前でやったのです。

それを手伝いに来た人たちは、子どもが乗ったぐらいで割れる筈がないすり鉢が割れたのは、何か不吉なことが起こる前兆のように言って、その日の話題にしたのでした。

はやし唄は、実際に相手に向かってはやしたり唱えたりした唄だから、唄の言葉と一緒に、はやした相手を思い出す。

唄の一つひとつに恥ずかしかったり、悔しかったり、得意だったりした思い出があり、唄の言葉と共に心の助けになってくれる。

話題にするということは、本当に何かを恐れてのことかもしれませんが、「何も教えていない」と祖母の子育ての下手なことを笑ったのです。人はそういうふうに話を転化させて、人のことを笑うものだということを、祖母はよく知っていたのでしょうから、祖母にとってわたしのしたことは、すごく恥なことであり、悔しいことだったと思います。

祖母は慶応二年生まれでしたが、学校に入ったことがないといって読み書きができませんでした。だから、わたしにはものを教えようとして厳しかったものですが、わたしは祖母に言われたことをよく守り、辺りのお年寄りたちにお利口さんとほめられて、すり鉢に乗るような馬鹿な真似などしたことがありませんでした。

それなのに、たぶんこれからは何か寄り合いがあるたびに、孫のわたしの悪たれぶりが話題になるに違いないということが、祖母にはどんなに残念だったことかしれません。

けれども、祖母はそれっきりその日のことは言いませんでした。だから言われない方がよけい気になって、「あの時、なぜ、叩かれたのかな」とか「どうして祖母はすり鉢に乗ったことを叱らなかったんだろう」といったことが心から離れませんでした。

時が経ち、こうしてあの時のことを振り返って見ますと、祖母はわたしに「考える長い時をくれたんだなあ」と思います。

あの時、祖母が過ぎてしまったことをくどくどと言ったり、「子どものやったことだもの」と見過ごされたら、わたしはこうしたことを考えることはできなかったと思います。

また、祖母の家の隣家のおばあさんにも、心から感謝をしています。あの時隣家のおばあさんが、黙ってすり鉢を受けてとっていたら、わたしは、よその家のすり鉢を壊したという負い目を、一生忘れることはできなかったと思います。

隣家のおばあさんは、そうしたことも考えて、「すり鉢はもともと割れていた」と言ってくれたような気がするから、わたしは小さい頃の失敗談として、あの時のことを懐かしく思い出すことができるのです。

第四章　恥ずかしさを感じて育つ

人に笑われたり負けたりした時に、恥ずかしさを感じることができれば、心が動くから恥をかかないように生きようとするので人はのびる。

性的な恥ずかしさを感じることができれば、血が動くから体も気持ちも若々しくて人生は楽しい。

人はこうした二つの恥ずかしさを一生感じていられるようでなければ、生きたことにはならないと言われていました。

恥ずかしくなる唄

わたしたちが子どもの頃までは、男の子と女の子は別々に遊んだものでした。だから男の子と女の子が遊んでいるのは珍しいことなので、そうしたところを見かけた時に、男の子たちが、

男と　おなご（女）と　ちょうせんこ
あんまりちょすて　泣かせんなやぇ

とはやしたてました。こうした言葉ではやされると、たちまち体中熱くなり、顔がまっかになったものでした。

　こうした唄には、はやされても返す唄がありませんから、言い返すことができないのと同じで、はやされっぱなしでした。

　女の子が男の子と遊んだって、友だちなのですから遊んでもおかしくないのですが、そんなことは言い訳にはなりません。とにかく男の子と女の子が一緒にいるとはやされました。通りがかりに大人にも、こう言ってはやされたりしたものでした。

どこどっこい　ほうれんそう

「ちょすて」とは、いじくりまわしてとか、もて遊んでということ。

おまえのとうさん　でんべぇそ（出臍）
おまえのかあさん　でんべぇそ
そだからお前も　でんべぇそ

恋愛結婚で結ばれた両親をもつ子がこう言ってはやされました。昔は恋愛結婚は大変珍しいことであり、ほうれんそうも珍しい野菜だったそうです。でべその子も珍しく、また、そうしたでべそは恥ずかしいことでした。ほうれんそうは、惚れ候ともとります。

きうり　きんたま　木でこしぇだ
何年たっても　毛ぁおえねぇ

青白い顔をした弱々しい男の子をからかってはやしたうたです。男の子が怒ったら、

「金勢様のことを言ってるんだよ」

ととぼけるのが面白かったものでした。金勢様は男根の形をした神様で、木とか石で作られています。大昔に男女のものを神様として祀った時代があり、金勢様はそのなごりだそうです。

十三ばっかり　十四の毛
十六まんじゅう　あっくあく

女の子の成長してゆく過程を年令に合わせてうたっています。主に数え年十三歳あたりの女の子が、大人の男の人にこう言ってからかわれました。

体が子どもなのは十三歳ばかり（数え年）で、十四歳になれば陰毛が生える、十六歳になれば陰部もかわり大人になるということ。

「十三ばっかり」の「ばっかり」という言葉は、閉じていたものが急に開く時に使う。例えば貝。

こうした言葉は、どの女の子もとおる道なので、からかって、感じさせて教えたのでした。

男と　おなご（女）と　まぁめえり（豆炒り）
えっても（炒っても）　えっても　炒りきれねぇ
ころころ　ころころ

男の子と女の子が仲良く遊んでいるのを見た時、子どもたちはこういって大声ではやしたてました。

からすぁかばだ（川端）で
からけぇっこ（空貝）つつく
とんびぁ　遠山で　かね叩ぐ
おらも　え（家）さ行って
がが（嬶）ぁけぁっこ（貝）　つつくべ

腕白小僧たちがわざと女の子たちに聞こえるようにはやしたてながら通り過ぎたうたです。男の子の集団の誰かが、「からすぁ　川端で　からけぇっこ（空の貝）つつく」とうたうと、別の男の子が「とんびぁ　遠山で　かね叩く」とはやしたてました。男の子たちは「今に嬶ぁけゃっこつつくとはやすぞ」と思ってくすくす笑いながら聞いていますが、女の子たちはその言葉をはやされるのを厭がって、耳をふさいで逃げたものでした。

桃こと　筋こと　相撲取りこ
中で　さねっこが　おんげつこ
ハアー　ぺこぺこ　ぺこぺこ

幼い頃、母に連れられて母方の家に遊びに行くと、何処かのおじ

性に向いた気持ちや体を育てることは知識とは違う。よそのおじいさんは、小さい女の子を見ると性的な唄の言葉をささやいてからかった。

　わたしもよくそうした唄でからかわれたものだが意味は分からないのにものすごく恥ずかしかった。

　子どもの時には、そうしたおじいさんに会うと嫌なおじいさんだと思ったものだが、今はわたしのことを案じてくれた有り難いおじいさんだったんだと思っている。

いさんも遊びに来ることがありました。そうしたおじいさんが、

「孫　孫　いいことを教えるから来ぉ」

と呼ぶので喜んでいくと、耳に口を寄せ内緒話をするようにしてこう唱えました。初めはなんのことなのか分からないのですが、分からない言葉をささやかれるのが楽しくて、ケラケラ笑って聞いたものです。

育つにしたがってなんとなく恥ずかしい唄だと感じるようになり、呼ばれてもわざと聞こえない振りをするようになりました。それでも、とっておきのいい話を聞かせると言われると、聞きたいからよっていって引っ掛かり、耳をふさいで逃げたものでした。

こうして言葉からそれとなく教えのも、女の子にとって大事なこととおじいさんたちは信じてやっていたようでした。

からかわれると恥ずかしいので、こういうことをするよそのおじいさんは、嫌なおじいさんだと思ったものですが、今考えてみますと、わたしのことを親身に思ってくれたいいおじいさんだったんだなあと有り難く思います。

あわびぁ　めぇ（昆布）　く（食う）

よそのおじいさんが遊びを教えるといって女の子たちを引き留

め、からかってやって見せた手遊びです。すると女の子たちは、悲鳴をあげて逃げ出したものでした。

手遊びは「あわびぁ」と唱えながらてのひらを出し、「めえ」で親指を折り、「く」と唱えながら、親指が中指と人差し指の間から出るように、残りの全部を折るだけの簡単な遊びです。

アワビが昆布を食べると言ってもおかしくないのですが、アワビとは女のものを言っているということは知っていましたし、手の形からも性に向いた恥ずかしさを感じるので、女の子はそうしたことから逃げ出したのでした。

好き連れ夫婦の　とろ喧嘩
ひたい（額）で火箸が　チャーガモガ

恋愛結婚は親しすぎて女の人に慎みがなくなるから続かないこともあると言われていました。

十月小春で　しじゃかぶぁ出はる
おら（俺）がが（嬶）ぁお春で
呼ばれれば　出はる

好き連れ夫婦とは恋愛結婚をした夫婦のこと。とろ喧嘩とはしょっちゅう喧嘩ばかりするということ。

「チャーガモガ」とは火箸と火箸がぶつかって鳴る音。

小春、出はる、お春、といった「はる」という言葉の重なりとか膝頭が出はる、お春が出はると同じ言葉を違った意味にとるのが面白くて早口言葉のように唱えて遊んだりもした。

十月小春といって旧の十月ごろ、寒い日の中に春のようにぽかぽかとあったかくて静かな日があります。この頃になると、春から履き通しのももひきの膝頭（しじゃかぶ）もすりきれて肌が見えるようになりました。こうした小春日和の日に、隣家のおじいさんがすりきれたモモヒキの膝をさすりながらこう唱えていたものでした。

隣家のおばあさんは中風で針が持てないので、おじいさんの履いているモモヒキの膝頭が擦り切れたのを気にしていました。だから、おじいさんは、よくこのうたを唱えました。おじいさんは、この唄をとおして、「モモヒキの膝が擦り切れても繕ってもくれない嬶か、と人は思うかもしれないが、俺にはいい嬶だ」とおばあさんに言っているんだなあと思って聞いたものでした。

おらぁ（俺の）　かかぁ（嬶は）
よいかかだ（よい嬶だ）
けっつさ（尻に）　てぇご（太鼓）
ゆっつけで（くくりつけて）
ドンドンカッカ　ドンカッカ

腰にぶら下げた太鼓を叩く真似をして、足を高く上げ、道化のよ大人たちは不倫のうわさをすごく汚いもののように顔をしかめてささやきあい嫌っていた。子どもたちもそうしたうわさを大人と同じように汚いものと感じて嫌った。

こうした考えは、昔からの教えだそうだが、遠野南部の殿様の時代になってから、一夫一婦制というきまりができて、いっそう厳しくなったと言われていた。性にだらしのない人はみんなに笑われ軽蔑された。子どもはそれを見たり聞いたりして育った。


うに腰を大きく振りながらうたってまわる。また、「ドンドンカッカ　ビーカッカ」とおならをするようにお尻を突き出してうたいながらまわって遊ぶこともありました。

昔、田楽という踊りがあり、その踊りを真似た遊びのなごりだと言われていました。

とうちんちゃ
昔は唐人が薬を売りに来たと言われていました。そうした唐人の薬売りが言った言葉を真似てうたっていると言われていた唄があり、言い出された訳も伝えられていました。

昔、ものすごい吹雪の日に、ある家の嫁ごが、釜の口（土間にある馬釜の前）であったまりながら仕事をしていると、いきなり大戸を開けて雪ぐるま（雪だらけ）な男が転がりこんで来たったと。

嫁ごは、たまげで（びっくりして）はね去ったと。そして、なんだべと思って、土間ぁ薄暗いから、嫁ごはおそるおそる近寄って見たと。そしたら旅の薬売り（唐人）で、薬売りは、あっちでも断られ、こっちでも断られして、そうとう疲れている様だったと。

嫁ごはその唐人の薬売りが気の毒になって、我ぁの座っていた釜昔話は夜聞くもの。わらべ唄は昼うたうもの。昔話を聞く時は、誰かが大恥をかいた話を聞いてもそれは人ごとだから心に余裕があり大笑いをして聞くことができた。

　わらべ唄は遊んでいてジャンケンに負け、鬼になってみんなに笑われても自分の身に起きたことだから悔しいし恥ずかしかった。

　昔の人たちはこうして自分の身に起きる小さい恥を通して、人としてやってはならない大恥を子どもに分からせた。


の口に座らせて、体を温めさせてやりながら、我ぁのもらったこおせん（麦こがし）を熱湯でといて食せたと。

　次の年、やっぱり吹雪の日に、嫁ごぁ釜の口で仕事をしていたら、知らねぇ男が大戸を開けていきなり転がりこんできたったと。嫁ごはたんまげではねさったと。そうしたどころぁその男ぁ　うたうようにこういったと。

とうちんちゃ　とうちんちゃ
かあまのまえで
おこうくうた　とうちんちゃ

　そうしたどころが嫁ごぁ、真っ赤な面して、「いつ、俺ぁ　おめえもさ（お前に）　おこぐらせだ（こすり合わせた）ことぁあってもすっ」ってりぎんだった（どなったった）とさ。

　唄は、旅の薬売りが「唐人じゃ　唐人じゃ　釜の口の前でお粉を食うた唐人じゃ」と言うつもりで言ったら、遠野ではこすり合わせることを「おこぐる」と言うので、嫁ごは「釜の前でおこぐった」と言われたととり、「おらは、そんなことをした覚えがない」と真っ赤になって怒ったという意味にとります。

　隣家のおじいさんが、時々おもしろおかしくこの唄を唱えたものでした。それを聞くと、うたの意味は子どもにはよく分からないのですが、唐人が言ったという濁点をつけない言葉が面白いので、おじいさんの真似をして唱えて遊んものでした。すると、連れ合いのあばあさんが、

「また、ろくでもねぇことを」

と言っておじいさんを怒り、わたしたちも、

「そんたなしょすごど（そんな恥ずかしいことを）、口さ出して言うもんでねぇ」

と叱られたのでした。こうしたことを口に出して言うのは恥ずかしいことだと、なんとなく感じているのですが、叱られながら唱えて遊ぶのが、また、楽しかったものでした。

　このような性にかかわりのある唄は、おじいさんがうたって叱られ役。おばあさんは、「そんなことは恥ずかしいことだ」と怒って教え役でした。

　三十九じゃもの　花じゃもの
ゆっちゃくっちゃって

恥ずかしいと感じる気持ちは、努力をすれば年とは関係なくいつまでも身についている。

恥ずかしいと感じる気持ちが身についている人はかわいい。品よく見える。

だが、恥ずかしさは自分の生き方次第で年とは関係なくいなくなる。そして二度と戻ってこない。

まだ若いのにそういう人もいるが、恥ずかしさをなくした人は醜いと見られる。

しじゅ（四十）じゃもの

「三十九歳だ　女盛りだと思っていたが、四十歳になってしまう」と四十代に移るあたりの女の焦りをうたっているのだそうです。お年よりたちは、その年ごろの女の人が怒るとこういって低く唱え、子どものわたしたちにも、「仕方ねえんだ。逆らうな。今によくなるんだから」と言って笑っていました。わたしたちもいつの間にか聞き覚えて、こっそりと唱えて遊んだものでした。

四十だ　四十だと今朝まで思った
三十九じゃもの　ソーレ　花じゃもの

この言葉は、「甚句」という唄がはやって、そうしたはやりの唄をうたい踊る人たちへの当てこすりとして唱えた言葉でもあるのだそうです。「南部よしゃれ」という唄には、

十七、八ばり（ばかり）花だと思うな
わたしゃ三十九で花盛り

我慢、努力、勇気などは何度でも持つことができるが、恥ずかしいと感じる気持ちをなくしたらもう感じることはできない。羞恥心は心の中の宝石。絶対になくしてはならない。

とうたっています。「三十九歳は花盛り」とうたい、そのあとは自分の努力で若さも体も保たなければならないと唄は教えています。

数え年十歳あたりから、隣家のおじいさんがなんとなく性を感じさせる昔話を語ってくれるようになりました。恥ずかしいので、「そんなのは聞かせなくてもいい」と断っても聞かせるので、恥ずかしくなると両手で耳をふさいで聞いたものですが、話の端々を聞いているうちに、話がつながって覚えてしまいました。こうしたことも内面から性に向かう気持ちや体を育てるために役立つこととして伝えられているのだそうです。

「こちょこちょ」が育てること

赤ちゃんのおむつを替えるたびに、「こちょこちょ」と言って脇をくすぐってやる遊びは、赤ちゃんの健康診断として役立ちますが、そのほかにも役目があって伝えられていました。

赤ちゃんの時は、おむつを替えるたびに、おばあさんに「こちょこちょ」をしてもらい、少し大きくなってからは、おばあさんの連れ合いのおじいさんが、時々「こちよこちょ」をしました。

気のない時に、いきなり「こちょこちょこちょ」と女の子をくす赤ちゃんがおむつを替えてもらってさっぱりした時に「こちょこちょこちょ」と言って赤ちゃんの腋の下をくすぐった。「こちょこちょ」をしてやることは体をきりっとしめること。こうしておむつを替える時から「こちょこちょ」をしてやると、体の中心のしまった人になると言われていた。

女の子には離れている時にいきなり「こちょこちょ」の動作をしてからかった。すると、女の子は触られないのにくすぐったがって逃げた。こうしたことは言葉や動作だけでも感じる体を育てると言われていた。

ぐると、女の子は悲鳴を上げて逃げ回り、おばあさんに助けを求めました。おじいさんはわざとしつこく、「こちょこちょ」をします。

そうすると女の子は、離れていて「こちょこちょ」の動作をされ、唄をうたわれただけで、くすぐったがって体をよじらせて笑うようになったものです。女の子は、こうしたことになれてくると、自分からおじいさんにすっかけて（誘いかけて）、からかってもらい、それを喜ぶようになりました。

外に出て遊ぶようになると、よそのおじいさんが、女の子をからかって、いきなり後ろから「こちょこちょ」をすることがありました。どのおじいさんもやるというのではなく、恥ずかしい唄をささやいてからかうおじいさんがやったものです。女の子は「こちょこちょ」をされると、そのおじいさんを避けるようになりますが、それでも、そのおじいさんは　実際には女の子の体に触れないで、「こちょこちょこちょ」と言ってくすぐる動作だけをしました。女の子は、「こちょこちょ」をされた時と同じくすぐったさを感じて、体をよじり悲鳴を上げて逃げたものでしたが、だんだんそのおじいさんに用心をして近寄らないようになったものです。そうやって「こちょこちょ」をして遊んでくれたおじいさんは、嫌なおじいさんと言ったりしましたが、本当は気になるおじいさんでした。

言葉を交わし合うことは楽しい。それなのに何を聞いても感じない女の人はかわいくない。

ちょっと恥ずかしい言葉を言われて、ぽおっと頬を染めるような女の人ならかわいい。

女の子は、言葉を気持ちで感じとれる人。言葉を体で感じとれる人。そういう人に育てることが大事だと言われていた。


学校に入ってからは、友だち同士でも「こちょこちょ」をして遊びました。遊びをする意味などわからないのですが、昔から伝えられている遊びとして互いにくすぐって遊んだものでした。

たまに男の子が通りしなにからかって「こちょこちょ」をすることもあり、そうしたことを誰かに見られたら事件でした。だから、男の子には近寄らないように気をつけたものでした。

こうして女の子にくすぐる動作を続けたのは、「こちょこちょ」という言葉を聞いただけで、くすぐられた時と同じくすぐったさを感じたときと同様に、ほかの似たような言葉でも、言葉を聞いただけでその言葉と同じ気持ちを体で感じとれるようにするためです。

また、いきなり「こちょこちょ」をされると体がキュッとしまりますが、これは気持ちも体もしゃきっとさせるため。それから体の中心をキュッと締めるためです。大人は、こうして小さい時から体を育ててやりながら、耳からも性とかかわりのある唄をささやいたり、昔話を聞かせたりして、気持ちも育てました。

足洗え

赤ちゃんの時から「お尻を隠して」と言って、「お尻を出すのは恥ずかしい、お尻は人に見せるものではない」と教えました。また、

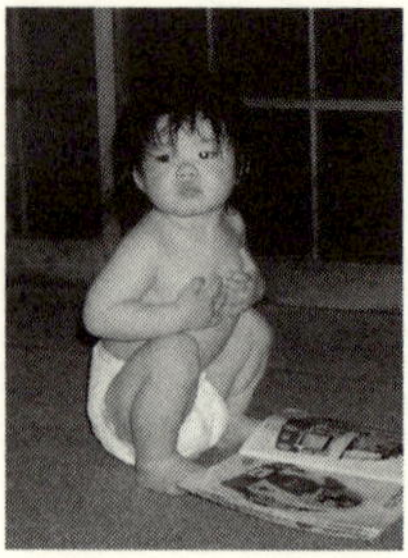

赤ちゃんの時から裸を見られることは恥ずかしいと教える。そのことが身につくと堕ちないように自分を守ることができる。

おむつを替える時は、「きれいにしてあげるからね」と繰り返し言いながらとってあげて、きれいにしたら、「きれいになったきれいになった」とほめて教えました。お尻を汚すことは恥だと教えたのです。

三歳ごろになるとお尻はおしり（陰部）にかわりました。そしておしりは人に見せないもの、お尻はきれいにしておくところと教えました。ことに女の子には、五歳ごろからは「足洗え」といって、夜寝る時には、必ず足を洗わせられました。裸足で駆け回って遊んでも、家に入る時には沢ぜきでちゃんと足を洗っているのですから、汚くないのに寝る時には、「足洗え」と言われたものです。この「足洗え」という言葉は「前のおしり（陰部）と足を洗え」ということでした。こうしたことは、祖母がうるさかったものでした。野良仕事が忙しくなると、わたしは祖母の家に泊められることが多かったものですが、そうした時に夜寝る時には祖母がかならず、「足洗え」といってタライにお湯をくんで出すのです。自分で洗って自分で拭かなければなりませんでした。まだ、幼くて自分のお尻に手が届くか届かないうちからやらせられたのです。

現在のようにお風呂に毎晩入ることはできませんでしたから、この足を洗うのがいやで、「泊まりたくないなあ」と思ったものでした。けれども、習慣になると洗うのが当たり前で、洗わないと気持ちが悪いので必ず洗ったものでした。

赤ちゃんの時から「お尻はきれいにしておくところ」と教えて育て、足を洗わせたのは、もちろんお尻を清潔にしておくためですが、大人になった時、性にだらしのない人間にならないように、お尻をきれいにという精神を育てるためだそうです。また「足洗え」といって女の子に自分でお尻を洗わせたのは「十三ばっかり十四の毛十六まんじゅうあっくあく」という唄を、実際に自分の体に毎日触れて洗うことで、女の子に自分の体の変化、気持ちの変化（快感）に気づかせるためです。言葉として知っていれば、そうした自分の体や気持ちの変化に驚かないし、素直に受けとめられるからです。この頃になると、性に向いた唄を聞くとものすごく恥ずかしいし、頼まなくても語ってくれる性にむいた本当の昔話も、普通の昔話と違うと感じながら、笑い転げたり、恥ずかしい思いをしたりしながら聞いたものでした。

恥を知ることは心のけじめ。だから恥になることはやらないという人に育てるために、赤ちゃんの時からお尻を出すことは恥ずかしいことだと教えて育てた。

「お尻を出すことは恥ずかしい」と感じることができないと、自分がわからない。

気持ちも体も若々しく生きるために

人間の体の外側の若さは、いつまでも続きませんが、気持ちと体の内側の若さは、育てようで一生若々しく保つことができると言われていました。外側が年をとるのは仕方のないことですが、自分の努力で、内面はいつまでも若々しくいられたら、こんなすばらしいことはありません。それで昔から、内面の若さを持ち続けるためにも、赤ちゃんのおむつを替える時から、「お尻を出すことは恥ずかしい。お尻はきれいにしておくところ」と教え、「こちょこちょ」をしてやって育てるのだそうです。

人間は恥ずかしいと思う気持ちがなくなると、気持ちに締まりがなくなり、体も凋れてしまうと言われていました。

赤ちゃんの時に教えるお尻を隠す恥ずかしさは、お尻を見られることを恥と感じる気持ち、見せたくないという慎みの気持ちを育てます。いつまでも心身共に健康で、命の果てるまで羞恥心をなくさないようにしなければならないというので、こうした育て方をするのだそうです。

恥ずかしさを教えられて守った昔の人は、九十歳になっても肌を見られることを嫌がりました。こうした気恥ずかしい恥ずかしさと、人にバカにされて恥をかいた時の恥ずかしさとでは、感じる気持ちが違います。気持ちがドキドキしたり、はにかんだりする恥ずかしさと、負けたり恥をかいたりした時の悔しい恥ずかしさとでは感じる気持ちが違いますが、どっちの恥ずかしさも恥ずかしいことと教えたのでした。

性に向いた昔話は、よそのおじいさんからだけではなく父からも聞いた。

聞くのはなんとなく恥ずかしいから耳をふさいで聞いたものだが、見ない振りをして見るのと同じで少しずつ話の端々を聞いているうちに話が全部つながった。意味はわからなかったが年をとるにしたがってわかってきた。

今でもそうした昔話の内容にそうかと気づくことがあり楽しい。だから子どもには、わからないことも教えておくほうがいいと思う。


こうしたふたつの恥ずかしさをしっかりと身につけて生きることが、自分をしゃんとさせていることであり、恥を忘れないことがいつまでも若々しく、長生きすることだと言われていたからです。

大人のはなし

これは大人のことですが、ずっと昔は、男女の性器を神として信仰した時代があり、現在でも祀られている金勢様という男根の神様は、その名残だと言われていました。

働く時の田植え唄などにも、性とかかわりのある言葉をうたっている唄があり、「お田の神様が喜ぶんだと」と言われていて、声のいい女たちが田植えをしながら、そうした田植え唄を掛け合いでうたったものでした。みんなはそうした唄の歌詞を聞くのが面白いから、負けないように追いかけて植えたのでしたが、そうすると仕事もはかどり、腰の痛さも忘れたものです。そうした唄をうたうことで、仕事の疲れをとったり、親睦を深めたりしたのでした。

地域で男女が交ざって共同作業をする時にも、「ひょうはくきり」といって、話のすごくうまい年とった男の人がいて、休憩の時などに、普通の話でもありながら、なんとなく性を感じさせるといった二通りにとれる「いかにも」という話をして、みんなを笑わせたも性にかかわりのある言葉を聞くことを、すごく嫌がる女の人もいた。

こうした人は自分を早く枯らすと言われていた。

血が動かないし、気持ちにも体にも潤いがなくなるからだとか。また、世の中につれないことで人にも嫌われた。


のでした。「ひょうはくきり」は昔語りとは違い、その場の話に合わせて語りますから、もって生まれたその人の特技のようなもので、誰でもできるものではありません。

教えられてもできない。だからその人がいると、みんなそうした話がいつ出るかと心待ちにしたものでした。そうしたなんとなく性を感じさせる話は、頭で覚えて語るものではなく即興でしたから、みんなで大笑いをしたり、なるほどと感心したり、時には頬が赤くなるような恥ずかしい思いをしたりしながら感じて聞いたものです。

けれども、そうした性につながる楽しい唄を聞いたり、話を聞いたりできるのは、みんなが集まった時だけで、一人ひとりは男女が並んで歩くことさえ恥ずかしいこととされていました。人前でいちゃついたりするような慎みのないことをしたら、みんなから笑い者にされ、のけ者にされたのでした。

性につながる唄や言葉をみんなで口にしたのは、確かに仕事をはかどらせたり、疲れない効果がありましたが、もう一つは、いつまでも気持ちも体も涸らさないためだそうです。いつまでも性にかかわりのある言葉に敏感であれば、そうした話を聞いた時に血がおどるから、体も気持ちも涸れないので人生は楽しい。だから感じる気持ちと体を大事にするのだと言われていました。

昔の人たちは、子どもに性に向いた唄や昔話を聞かせて恥ずかしがらせ、耳から性に対する感情を育てた。性に向いたことを恥ずかしいと感じることができれば自分を守ることができるし、血が動くから年を取っても気持ちも体も若々しく保つことができると言われていた。お年よりたちは自分の体験から「その通りだ」と分かったから真面目に伝承されていることを伝えた。

悔しいと感じた時の恥ずかしさとは違い、性に向いた恥ずかしさは、人の気持ちにやさしさを感じさせてくれます。恥ずかしがらないと、女らしさが出てこないから可愛くない。恥ずかしいという気持ちが自分を支えてくれるし、女らしさをだしてくれると言われていました。

恥じらいというものを知らないと、好きな男の人が来てもぽおっと赤くもならない。人間それではさっぱり味気ないじゃないですか。男の人の側から見ても、女の人にはいつまでも恥じらいがあった方がかわいい。女の人にとってもいつまでも恥じらいがあった方が楽しいし、若々しくていられるし、涸れないし、体も気持ちも感じる力があったら幸せなことです。

自分を育てる

恥じらいがあると、なんとなくドキドキします。そうすると血がおどるから体も気持ちも熱くなります。異性に対して恥じらいを感じる気持ちは愛を育てます。また、恥じらいは、慎みの気持ちを育て、人を信じる気持ち、人を慕う気持ちを育てます。

人の世界は男と女。女の人にやさしさがないと、世の中も家の中も楽しくない。また、こうしたことを伝えた最初の目的は、「自分お尻を出すことを平気になると、気持ちからも体からも羞恥心がなくなってしまう。
羞恥心がなくなると、気持ちに締まりがなくなって生活がだらしなくなり、自分が見えなくなっしまう。
だから、やり放題をやるが、そういう人もお母さんになる。
育てられる子どもは恥を知らない。その子もやがてお母さんになる。

を伝えるということだったと」と言われていました。自分を伝えるには立派な子孫がちゃんと続いていかなければならない。そのためには立派な子孫をつくる。だから、女の人は女としての体も気持ちも立派につくり、立派な赤ちゃんを産む。これは何よりも大事なことだったのです。

女の人は、性に向いた恥ずかしさが気持ちから抜けてしまうと、気持ちも体も涸れてしまうと言われていました。例えば、裸を売り物にしたら、売れなくなって肌を隠しても、恥ずかしいという気持ちはもう感じないということです。

人は恥を感じることができなくなると、自分が見えなくなるからバカをやっても感じない。気力もなくなり、生きているのに気持ちも体も、枯れ木と同じになってしまうのだそうです。

そうなってしまってから、もとの自分を取り戻したいと思ってもできない。羞恥心はなくしてしまったら、二度と感じることはできないのです。思うことなら何度でも思い直せますが、羞恥心は感じるものだからなくしたら取り戻すことは出来ない。

そうでなくても、羞恥心は年をとるにしたがって減っていきます。人は死ぬまで羞恥心をなくさないように生きる。これが自分を守ることであり、自分の若さを守ることなのだそうです。

羞恥心をなくさないようにすると、性にかかわりのある言葉を聞くたびに血が動くから若さを保つことができる。肌も気持ちにつれるからつやつやしているし、体も若い。

だから昔人たちは羞恥心を大事にし、子どもにわざと性につながる話を聴かせて耳から感じ取らせた。

現在は、写真も画面もほとんど丸出し。見る方も出す方も恥を忘れている。

羞恥心は、なくしたら二度と取り戻すことはできないということも忘れている。

ふたつの恥を守って生きる

人は何が恥かということをしって、恥になることはやらないのが一番生きやすい生き方だと言われていました。人は人に負けた時とか笑われた時に、心が動いて恥を感じ、「二度と同じ恥はかかない」と思うことができれば、恥をかかないように生きていけます。また、性にかかわりのあることを恥ずかしいと感じて血がおどるようであれば、体も気持ちも若々しくて、長生きできると言われていました。

人は性に向いた感情が働かなくなると気力がなくなり、涸れてしまうと言われていました。また、性にだらしがなくなると堕ちていきます。どんなに利口な人でもここがだらしないと笑われます。人は一番ここから堕ちやすい。だから赤ちゃんの時からお尻は人に見せるものではない、お尻は汚すものではないといって育てたのでした。いつもそう言われていると、性に対する心の持ち方も厳しくなり、自分を守れる人になるからです。

けれども、こうした自分を望んでも、自分では身につけることができません。小さい時から大人にやってもらって　そうした気持ちや体に育ててもらうことなのです。だから昔の人たちは、赤ちゃんの時から「こちょこちょ」をしてやり、なんとなく性とかかわりのある唄や昔話を耳から感じとらせて、感じる体と気持ち、生きていくときの精神を育てたのでした。

大人になったら、性にだらしのない人にならないように、また、いつまでも性に対して恥じらいを感じていられるようにというので、こうした育て方をしたのです。このようにして、性を正しく教えることで、個人の幸せ、家族の和合、社会の秩序が守られると昔の人達は思っていたからでした。

第五章　はやし唄と諺

　はやし唄は言葉を使った遊びで、赤ちゃんに声を出すことから教えはじめます。それから挨拶、返事、食事の取り方、あげたりもらったりとか、やっては駄目なことをやったら恥、泣いたら恥、失敗も恥と、恥になることを教えます。こうしたことをきちんと身につけてもらってからはやし唄で遊んだのでした。

　はやし唄の遊びで感じる気持ちは、生きていく時に出合ういろいろな気持ちです。諺はそうした気持ちを言葉で表している人の生き方です。

現在はバカという言葉を子どもに絶対に言わせない。なぜ、バカと言ったらいけないのかということは教えないで、「そういう言葉は言わないの」と言って、バカという言葉を消してしまっている。

馬鹿のつくはやし唄

「バカ」と言われると、たいていの人は腹を立てますが、バカという言葉は使わなくても、似たような言葉ではやしあうこともありました。このような唄は相手に向かい大声でうたいはやせば攻撃の唄になり、声を落としてはやせば相手を風刺する唄になります。

無い物ねだりをする子、悪たれ子には、

親泣かせの貧乏っ子
育ててみたれば悪たれ子

とはやしました。わがままな一人っ子に意地悪をされた時には、

一人息子の　上息子
育ててみたれば　悪たれ子

とはやしました。昔は、一人っ子は珍しかったものです。

意地悪をする子には、「甘やかされて育ったからそんな悪たれ子になったんだ」という意味で、

めんこ（かわいい）めんこ　さど（砂糖）めんこ
　育ててみたれば　鬼面こ

とはやしました。「めんげ（かわいい）子はぶってならせ」とか「一人っ子には旅させろ」といった諺もあります。また、

めんこ　めんこ　さど（砂糖）めんこ
大きくおがして　鬼面んこ

ともはやしました。

「ある人が、日本一の馬鹿を描いてくれと、有名な絵かきに頼んだら、その絵かきは、すらすらとざっこ（雑魚）釣りの絵を描いたんだと」と言われていて、雑魚釣りを見た時、

ざっこ（雑魚）釣りは
日本一の　馬鹿がする

と唱えました。釣れるか釣れないか分からないのに、じっと待っているのは時間の無駄。そんな暇があったら働けという意味にとりま

「めんこ」とは、おりこうさんという意味とかわいいという意味。めんこめんこと続けると甘やかすということ、かわいがること。

　さどめんことは、きりなしに甘やかすこと。鬼めんことは「めんこ」を「面こ」ととり、鬼のような顔、つまり悪たれ子。

人の後ろに隠れたり、人を避けたりする子は恥ずかしがり屋ではない。意気地がない子。人が怖いから隠れたり避けたりする。

そういう気弱な子には人と話をすることを教えてあげればいい。

人と話をする楽しさが分かれば、言葉を通して人を知ることができるから人が怖くなくなる。

また、はやし唄を使ってからかうのもいい。からかうことは話をするきっかけだから。


す。雑魚釣りは道楽者と背病み（働くことが嫌いな奴）のやることと言われていた時代の言葉です。雑魚釣りをしていてこうはやされたら、

それを見る奴ぁ　まっと（もっと）馬鹿だ

とはやし返します。子どもの頃、学校の帰りに、川で知らない人が釣りをしてるのを見かけたことがありました。農家の人たちは忙しいので、遊ぶ日（年中行事の日、農家の休日）以外は釣りはしないということを知っていました。だから友達と二人でその釣りをしている人に向かい、

「雑魚釣りはぁ　日本一の馬鹿がするぅ」

と大声ではやしたてたのでした。けれども、釣りをしている人はちらっとこっちを見ただけで黙っていました。返す言葉を知らないのか、それとも声を出したら雑魚が逃げてしまうからなのか、知りたいのです。だから面白がって何度もはやしたてたのでしたが、やっぱり知らんぷりをしていました。そのうちに、雑魚釣りをはやしたてている自分たちは見ているのだから、自分たちの方がもっと馬鹿なんだと気がついたのでした。こうした唄を二つあわせると、

「雑魚釣りは　日本一のバカがするぅ」

雑魚釣りは　日本一の馬鹿がする
それを見る奴ぁ　まっと馬鹿だ

という諺になります。
「それを見る奴ぁなおこけ（馬鹿）だ」とも唱えます。
総領の子が「馬鹿」と言われた時には、

馬鹿でも総領　爺こぁ孫だ
焼げでもこげでも爺こぁ孫だ

と唱えました。昔は、総領が家を継ぐものとされていたので、その家の実権を握っている爺様にかわいがられました。そうした総領の子がこううたいました。また、総領の子が叱られると爺様が孫をかばってこううたいました。

総領以外の子は「馬鹿でも候　爺こぁ孫だ」と唱えました。総領と候とでは迫力が違いますが仕方がありません。こうしたことからも自分の立場を知ったのです。

雪が積もると、毎日のように橇っこ乗りをしたものでしたが、そうした橇っこ乗りに夢中な子を見た時には、大人は、実際に子どもをはやしたてて、恥ずかしい思いをさせ、「恥」から抜け出す方法を自分で見つけて身につけさせるようにした。恥から抜け出すには、我慢、努力、勇気といったものが必要だが、こうした気持は「遊び唄」の鬼ごっこや、じゃんけん遊びでも育てるようになっている。

「滑りこたんたん　焼けお方ぁ」

と遠くからはやしたてました。すると橇にのって滑っている子は、

「焼けても焦げても滑った方ぁええ」

とはやしかえしました。また、橇っこ乗りをしている子たちが、

滑りこたんたん焼けお方
焼けてもこげでも滑ったほうぁええ

と声をそろえてうたいながら滑ったりもしたものでした。

自分のやっていることをなんだかんだとけなされた時には、

人の好きずき　わらやづぁ（笑う奴は）　馬鹿だ

とはやしました。人のことは構うなということ。また、「馬鹿」と言われた時には、

馬鹿だ　馬鹿だと言う奴ぁ馬鹿だ

とはやし返しました。そうしたら、

昔は年上の子と遊ぶといいと言われていた。兄弟だと弟の方がかしこいのと同じで、大きい子の真似をするから年下は得をする。

だが年上でも年下でもそれぞれのよさがある。子どもの心は子どもから見せてもらう。

だから、子どもは子どもと遊ばせる。


馬鹿さかもやづぁ（構う奴は）　まっと馬鹿だ

と返しました。「馬鹿」と言われて悔しい時には、一気に、

馬鹿だ　馬鹿だと言う奴ぁ　馬鹿だ
馬鹿さ構う奴ぁ　まっと馬鹿だ

とはやしたてました。「馬鹿だと分かっていて構うお前の方こそ馬鹿なんだ」ということ。

子どもでもこれくらいの言葉は、お互いに「バカ」「バカ」と言い合っているうちに分かるようになったものでした。この言葉は諺としても使います。

馬鹿のつく諺

子どもの頃はみんなバカと言うのが口癖でした。叱る大人も、「人サ向かってバカだなんて言うもんでねぇ。このバカ」といったものです。それほど深い意味はないのですが、癖になって言うことが多かったものでした。

世の中にでると、人を押しのけてでも競争に勝とうとする人たちがいっぱいいる。そのとき、自分を守るにも相手を攻めるにも武器になるのは言葉だとはやし唄は教えている。


「バカ」

と言われると悔しいから、すぐに、

「バカだバカだと言う奴ぁバカだ」

と言い返したものです。唄で言い返せばすっとしました。でも、

「バカさかも奴ぁ　まっと馬鹿だ」

とまたはやしました。その通りで、馬鹿な奴に構う奴は馬鹿だと思って相手にしない。

「何でおれぁ　バカだってよ」

と怒ったら負けです。だから、自分の気持を怒らせないために、どんな奴がバカなのか知っておきたいと思いました。また、どんな奴がバカなのか興味もありました。

　それで数え年十二、三歳頃は、「バカ」のつく諺を集めてわらべ唄と同じように唱えて遊ぶのが楽しかったものでした。

　「バカ」のつく諺は覚えやすいので、「算数の九九だったら五の段みたいだな」などと言ったりしながら、友だちと二人で暗唱したものです。何回も唱えて遊んでいると、だんだん言葉の意味が分かってくるので、友だちと一つひとつバカのつく諺を思い出しながら唱えては、「ほんとにそうだな」といって笑いころげたりしたものでした。

冬になると、戸とか障子を開けっ放しにして出ていこうとするたびに、大人が、「閉めていけ」という言葉のかわりに、

意志の一寸　のろまの五寸　馬鹿の開けっ放し

と言う諺を唱えました。はじめは「戸とか障子は閉めたつもりでも一寸は開くものだ。のろまは五寸開けていくし、バカは閉めることを知らない」ということなんだと思っていました。

でも、それだけではなくて「気持ちというものは、締めている積もりでも、どこかが抜けているものだ。まして、のろまはもっとだし、バカは気持ちを閉めることをしらない。だから、気持ちを締めてかかれ」と言われているんだと分かったのでした。

このように、日常のなかで諺を言われていると、自然に分かったものでしたが、そうやって覚えた諺を思い出しては、わらべ唄と同じように、唱えて遊ぶのも楽しかったものでした。また、友達同士で、なぞかけの遊びをしましたが、そうした謎を解くのと同じように、諺の意味を考えるのも面白かったものでした。

この諺は、どういう時に言われたのかという体験をもっていますから、そうした体験と合わせて考えると、意味が分かったものです。

「くせぇくせぇくせぇ」とはやされて恥ずかしい思いをしている赤ちゃんに「よっこよっこよっこ」とうたって思いっきりのびのびをさせるのは恥ずかしい思いをした後の気直し。

赤ちゃんだけではなく誰でも恥をかいたら気直しをして自分の気持を安定させる。過ぎてしまったことをくよくよしてもはじまらない。また、頑張ればよいのだから。

正直馬鹿
馬鹿真面目
馬鹿正直
馬鹿かだごど（過ぎた遠慮）
馬鹿見た
馬鹿見る
馬鹿馬鹿と見る

そうやって諺の意味が解けたら、隣家のおばあさんに聞いてもらいました。するとおばあさんは、なぞかけと同じに「あたりー」というように答えてくれたものです。

「馬鹿」と「人」のつく諺

馬鹿の屁ぁ臭ぐねぇ
馬鹿の一つ覚え
馬鹿の片破り
馬鹿のおおぐれぇ（大食らい）
馬鹿のししゃっかわれぇ（おかしくないところで高笑いをする）
馬鹿さ貼つける膏薬ぁねぇ（膏薬とは貼り薬のこと）
馬鹿と地頭にぁ勝でねぇ
馬鹿と山羊は高ぇどご（所）好きだ
馬鹿と気違え（気違い）はどごにでもある
馬鹿と利口は紙一重
馬鹿は長生きしねぇ
馬鹿は死なねぇば治んねぇ
馬鹿も利口の真似をする

諺は「正直は馬鹿を見る」と教え、「正直の頭に神宿る」と教えている。
どっちでもいいのなら「正直」にばかりやっていると、人に馬鹿にされるから「正直は馬鹿を見る」という方をとりたい。
だが、それをあらわにすると人は嫌う。だから、人を見ることを覚えて諺をたくさん覚えて正直に生きたい。

馬鹿にも三分の理
馬鹿も三度なでられれば　ごしぇやぐ（怒る）
ひとの馬鹿ぁめる（見える）が　我ぁ馬鹿めねぇ（見えない）
こけ（馬鹿）の分別ぁ　後でする
こけの分別　休むに似たり
六つ余されに　七つ馬鹿　（数え年六、七歳ごろ）

「馬鹿」のつく諺を覚えると、「馬鹿」の反対は「人」という言葉だというので、人のつく諺も教えてもらい唱えて遊んだものでした。人という言葉は、「他人」という意味にとる場合もあります。

人の一生　ぶよの一時
人の振り見て我が振り直せ
人のええ（よい）のは　金持だねぇ（金持たない）
人の話さ真乗りに乗るな
人だと思うがら（から）ごせぁ焼ける（腹が立つ）
人の話を買ってしゃべるな
人をのろわば穴二つ

現在は恥を教えてもらえないで育っている子どもたちがいる。

　そういう子どもたちのなかにも、やり放題をやってえらくなる人たちがいると思う。そうした人たちは平気で無理を言ったり、意地悪をするかも知れない。

　そういう危ない人たちとも一緒に生きていかなければならない。

　そういう時に、昔から伝えられているこうしたはやし唄が教えることを身につけていると負けることはない。

人のことより　我ぁ頭のへぇ（蝿）ぼえ（追え）
人恨むより我恨め
人のふんどしで相撲取る
人の袴さ足突っ込む
人良いのと梨の良いのはかまど持だねぇ（家計が持たない）
人の痛さは三年でも我慢する
人の口さ　戸ぁ立てられねぇ
人の噂も七十五日
人の一生は重荷を負うて遠き道を行くが如し
人恨めば恨まれる
人にあるごどぁ（あることは）我にもあるど思え
人にはそうて見ろ馬には乗って見ろ
人を笑えば笑われる
人見て物言え
人見て法説け
人はひとそろ（一揃え）には見られねぇ
人は一代　名は末代
人良しして　てでなし（父無し、私生児）産す
人を正せば正される

「魚ゆつけだ（結わえた）縄は魚臭くなる」と言う諺を隣家おじいさんにいつも言われた。意味を聞いても「魚ゆつけた縄　かまって（嗅いで）見れば分かる」と言うだけだった。だから悪いことをする奴と一緒にいれば、自分も同じになるということかなと思った。

「良き友をえらべ」とか、「朱に交わればあかくなる」という諺もよく言われた。

諺は、子どもの時には子どもなりに分かり、大人になればだんだん意味が深くなる。

人と稲穂は垂れるだけええ（よい）
人に飽きねぇが病気に飽きる
人を疑えば目で鬼を見る
人を見だら泥棒と思え
人をとる亀人にとられる
人一人一合とみて飯を炊け
人より一歩先に　先んずれば人を制す
人は人我は我
人の身はか（鍬）で掘っても痛ぐねぇ
人の話は裏聞け
人と稲穂は実るだけ垂れる
虎ぁ死んだら皮のこせ人ぁ死んだら名ぁのこせ

馬鹿のつく諺が教えてくれる人の生き方

はやし唄は、相手の欠点を見つけてはやしたてます。はやされたらすぐに「お前だってこうじゃないか」という気持ちを負けずに唄で返します。

お互いに相手の一番痛いところをねらって突きます。加減などしません。けれども、それは遊びだから許されて、大人も、

「そんなことは言うもんじゃない」

などとは言いませんでした。よく、

「バカッ」

という言葉を使いました。大人も使うのですから口癖になって言ってしまうのですが、言われた方は面白くありません。だから、

「バカだ　バカだと言う奴ぁバカだ」

とはやしました。こういってはやされた時、悪気があってバカと言ったのではない時は、

「あ、ごめん」

といって謝りました。でも、こっちの虫の居所が悪ければ、

「バカさかも奴ぁ　まっとバカだ」

と返すこともありました。「馬鹿に構う奴はもっと馬鹿だ」という

方言が消えていくと言われていたが、このごろは、人の持っている裏側の気持ちを表す言葉も子どもに言わせなくなった。例えば、「バカという言葉はいってはいけません」と言う。

言葉は自分の気持ちを表すもの。バカという言葉が消えてもバカと言いたい気持ちは人の気持ちから消えない。

言葉は使わなければ消えてゆく。伝えられてきた言葉には先祖の教えがあるが、言葉が消えればそうした先祖の教えも消えてしまう。

ことです。こうした言葉は遊びにもなりますが、本気でいう時もあります。だから、言葉は同じでも、はやす時の声の強弱によって相手の気持ちを判断し、遊びを続けないこともありました。

はやされても、はやし返せなければ負けたことになりますが、逆らわない方がいいと思って、相手をしない方の勝ちということもあります。見切りをつけて相手にしないのも勝つことなのです。

「馬鹿」とか「人」のつく諺に興味を持つようになってからは、気に入った諺を、唱え唄と同じに唱えて遊んだものでした。何度となく唱えて遊んでいると、どんなのがバカと言われるのかということも、ぼんやりと分かってきました。大人も子どもが唱えるのを聞いていますから、

「そうだべ。馬鹿には構わねぇ方がいいんだ」

と言ったものです。その頃、

馬鹿だと思って　かもな（構うな）
糞だと思って　踏むな

という諺を教えられました。この諺は、馬鹿のつくはやし唄の最後に教えられた諺で、人の生き方を伝えています。

欠点を言われたら教えてもらったと思って直せばいい。
なんくせをつけられたら、その人より勝っているんだと思えばいい。
それでも腹が立つのなら、あんたはそれだけの人かと思えばいい。
ものは考えよう。気持ちは持ちよう。自分を怒らせたり、悲しませたりするのは自分。

最初は言葉だけを教えられて唱えて遊び、それからぽつりぽつりと意味の取り方を教えられ丸暗記で覚えました。七十年近く生きてきて、今は「なるほどなあ」と思います。

一口に馬鹿といってもいろいろで、無理を言ってくる奴もバカ。いくら言っても分からない奴もバカ。人はいい人ばかりとは限らないし、いい人も時には嫌な人になって、「あんな奴とは二度と組まない」と思うくらい腹の立つこともあるものです。

けれども、長い人生のうちには、そのあんな奴の世話になるかもしれない。それでは気まずい思いをすることになるのですから、腹がたって喧嘩をしそうになったら、「バカだと思って構うな」というこの諺を実行するのです。

「こいつは馬鹿なんだ。俺はこんな馬鹿な奴には構わない。こいつは糞なんだ。こんな奴の相手をしたら、俺の身にも糞がついて同じように汚くなる。だから、俺はこいつとは喧嘩をしない」と思えば喧嘩にはならない。

「君子危うきに近寄らず」という諺もありますが、「こいつは危ないから寄りつかない」といって人から遠ざかっていたら、人はみんな危ないし、怖いんです。

人はお互いに助けあって生きていかなければなりません。人を怖人は欲も宝もなく生きるということはむずかしい。欲があるから欲しいものを手にするために働く。

　働くから生きていられる。だが、働くときに無理を言ったり、意地悪をしたりする奴がいる。

　そういう奴にいちいち構っていたら身も心も疲れてしまう。疲れては自分を伸ばせない。

　だからそういう奴は、バカとみて構わないのが自分を守ることだと昔の人たちは諺で教えている。


がって人から離れていたら置き去りにされます。だから、何だかんだと言われたら、「こいつは馬鹿なんだ。馬鹿には構わない」と思って一緒にいくのです。

　少々いやなことを言われても、「こいつは糞なんだ。踏めば（逆らえば）俺にも糞がつく。だから俺は逆らわない」と思って一緒に進むことです。

　そうすれば恨まれることもないし、憎まれることもない。汚いものにはかかわらなければ自分の身も汚れない。みんなの目から見ても人づきあいのいい人という感じがする。それを、例えば、誤解されて悔しいからといって、

「わたしはそんなことは言っていない」

と言って相手とばんばんやりあったら、どんなに自分は正しいと思って言い張っても、相手も自分の方が正しいと思って言うのだからどっちも頑張る。

　でも、関係のない人たちからみれば喧嘩両成敗で、どっちも糞にみえるのです。また、言い訳をすればするほど、知らない人にまで教えることになります。いくら言い訳をしても、人は信じもするし疑いもする。みんながみんな信じてくれるとは限らない。

「どうりで」

今が一番苦しいと思うことがある。だが、通り過ぎればそれほどのことではなかったと思うことができる。人はそうやって伸びてゆく。

苦しい時はさわがない。苦しい時に動きまわると苦しい時が長引くから、じっとして動かない。

そうやっておとなしく時の過ぎるのを待つ。

苦しみだけが続くものではない。正しく行動していればかならず苦しみは去って楽しい日がめぐってくる。

そうしたら、また動き出せばいいのだから。


と疑いの目で見られることもあります。

だから、もう過ぎてしまったことなんだから言い訳したって損なだけ。黙っていたら負けたことになりますが、「負けるが勝ち」という諺もあります。

「人の噂も七十五日」。月日が経てば人はどんなことも忘れてくれます。また、相手も落ち着くし、そのうち分かってくれるから仲良くなれるのです。

若い時は、ああだ、こうだといって悩む。そうやって生きるのが人なのですが、黙って真っすぐに行くのが近道。道しるべは諺としてあるのですから、その通りに進めばいいのです。

人はいつもしゃんとしていなければならない。

「どうしよう」「どうしよう」と、よらよらよら自分を迷わせてはならない。

自分をまっすぐにして、生きていかなければならないのです。悲しんだり、憎んだり、恨んだり、そんなことは詰まらない。過ぎてしまったことを思いわずらうことは、自分を足踏みさせるだけです。

人は人と一緒に生きてゆかなければならないのですから、必ず、人と一緒に仲良く進むのです。

みんなと一緒に進む時、「危ないな」と思ったら、こいつは馬鹿人は恥になることさえやらなければ迷うことなく生きていける。

わたしはそんな恥になることは絶対していないと思ったら、誰に何と言われようと、くよくよしたり、おろおろしたり、よけいなことを考えることはない。

それが自信にもつながる。自信をもって生きてゆくには自分を信じること。恥になることはやらないこと。

それを守って生きればいい。


だ、糞だと思って相手にしない。そうやってみんなと一緒に進むことです。

嫌だと思う人でも、その人も努力をしているのですから、そのうちいい人になる。そうしたら仲良く進めばいいのです。

けれども、誰でも人のことは見えるものですが、自分はしゃんとしているつもりでも、迷惑だと思っている人もいるかも知れない。だから、どんなことが人に嫌われることかということをよく分かって、人に迷惑をかけるようなことはしないようにしなければならない。

それで、子どもの時に、はやし唄で遊ばせて、どんなことが人に迷惑をかけることかを、体験させて分からせたのでした。

役に立たない者のことを、「糞みたいな奴」と言います。人は互いに助け合って生きてゆくのですから、相手に糞だとだけは思われないようにしなければなりません。

人と一緒に進むとき、糞だと思われたら人は口先ばかりで、本心から相手にしてくれなくなります。だから、「人に糞だとだけは思われないようにするものだ」とこの諺は教えています。

「馬鹿な奴には糞だと思って逆らうな。人には糞だと思われるな」と子どもにいきなり教えても、子どもには何のことか分かりません。

人とのかかわりの中で自分の心をどのように持つべきかをしっかりと掴むことが大事。

気持ちと行動が空回りをしていないか、自分に振り回されていないか、よく見ながら進む。

相手のバカは見えるが、自分のバカは見えないものだから。


それで小さいうちはお互いに、「馬鹿」「馬鹿」とはやしあって遊ばせて、どんな奴が馬鹿なのか、ということを感じとらせてから、最後にこの諺を教えたのでした。

人はどのように生きればいいのかということを、前もって知っておくと生きやすいと言われていました。

生き方は諺が教えてくれています。先人の智恵として諺を覚えておくと、「ほんとうだなあ」と思い当たることばかりですので、先祖の人達と同じ道を歩いていることに安心できます。

諺は、人間のいろんな生き方を教えてくれるばかりではなく、「人の心は表ばかりじゃないよ、裏もあるんだよ」ということも教えてくれます。

人の心は、やさしくしたり、憎んだり、恨んだり、いつも揺れ動きます。だから人は迷います。そうした自分の心を、真っすぐにもってゆくのは自分です。

自分に振り回されないためには、信じられる言葉がなければなりません。そうした信じられる言葉とは、わたしたちの先祖が残してくれた諺だと言われていました。

「泣く子と地頭にぁ勝てねぇ」という諺がありますが、底辺の百姓として生きたわたしたちの先祖にとって、自分たちを支配する者たちは、「泣く子」あるいは「地頭」と同じで、こっちの意志などまったく通じなかったそうです。

　だから、自分たちと同じように底辺の百姓として生きるであろう子や孫たちに、人生の道しるべとしてこうした諺を伝えたと言われていました。

　いつの世でも、「勝てない奴」がいるものです。そうした勝てない奴（無理を言ってくる奴、話の通じないバカ）と一緒に生きていく時に、諺は役に立つと言われていました。

　心の中で勝って生きるのも一つの生き方です。諺を知っているということは、進む道しるべが見えることであり、「独りではない、いつもご先祖と一緒だ」ということです。

「金銭には親子がない」といって、お金の貸し借りは争いのもとだから、たとえ親でもお金は貸さない。

「借りる時の恵比須顔、返す時の閻魔顔」。借りたお金でも返すときには奪われるような気がする。

　お金を貸すときは返されなくてもいいと思う額を貸すこと。

第六章　唱える唄

唱え唄は、遠野の歴史とか昔の人たちの生き方を伝えています。昔の人たちは権力者に治められ思ったままを言うことが出来なかったので、こうしたうたの言葉に、自分たちの気持ちを隠して子孫に伝えたと言われていました。また、人は相手を風刺することで、相手と対等な気持ちになり、相手に抑えられる立場にいても耐えられるからこうした伝え方をしたとも言われていました。繰り返し唱えていると、こうした唄の言葉を伝えた先祖の人たちの心が伝わってくるような思いがしたものでした。

郷土のこと、先祖のこと

昔の人たちは読み書きを知らないので、こうした唱え唄を覚えることも、世の中のことを知ることだったそうです。

子どもがこうした言葉を知ることは、郷土や先祖のことを知ることでした。

お年よりたちは、会話の中にはさんで、あるいは独り言のようにこうした言葉を唱えていました。子どもの頃はそれを真似て唱えて遊んだものですが、そうすると、祖母や隣家のおばあさんたちが、

「そのうたっこ（唄）はナ」

と言って、唱えているうたの意味を語ってくれたものでした。

命あっての蓬莱山

ずうっと昔、中国から常世の国を探して船出をした人たちがあり、そうした人たちがたどりついたところは、日本の国の熊野というところだと言われていました。また、その熊野からは、北の果てにあるという蓬莱山を求めて北へ北へと旅をして来た人たちがあったそうです。そうした人たちが目指した北の果ての高いお山とは、遠野

遠野には、早池峰山、六角牛山、石上山というお山があり、これを遠野三山という。三山のうちでとくに秀れたお山は早池峰山であり昔は早池峰信仰が盛んだったと言われていた。

わらべ唄の語り伝えは昔話と謎掛けとわらべ唄を組にして伝えており、昔話もわらべ唄の言葉も早池峰の神様が教えていることだからその通りに守って生きればいいと言われていた。

こうした早池峰の神様の教えは熊野信仰が基になっていると言われていた。


にある早池峰山のことだったということでした。けれども、そうした人たちが早池峰山に来て見たら、蓬莱山なんてなかったので、「生きているということが、命があるということが、蓬莱山に住むということなんだな」とその人たちは悟ったそうです。それで、「どこに行っても蓬莱山なんてないならば、ここで暮らして行くべ」ということになり、遠野に住んで、「命あっての蓬莱山」という言葉を伝えたと言われていました。

どっこい　どごばご（道具箱）
医者殿ぁ　はりばご（鍼箱）
行かずばなるまい
どっこい　どっこい

隣家のおじいさんは八十歳を過ぎていましたが、毎日、百姓仕事をしていました。立つ時は、四斗俵を一俵腰にぶら下げて立つぐらい腰が重いと言って、そうした重い腰を上げて仕事に出ていく時に、自分を励ますように、

「今日も生きた。有り難でぇ　有り難でぇ。《命あっての蓬莱山。どっこいどこ箱　医者殿ぁ鍼箱　行かずばなるまい　どっこいどっ

隣家のおじいさんが唱えた言葉は、「今日も生きた。生きているということは蓬莱山に住むのと同じだそうだから命があるということは有り難いことだ。だから職人は道具箱をかついで仕事場へ行く。医者殿は鍼箱を下げて患者の所へ行く。俺は百姓だから田圃へ行かずばなるまい」ということ。隣家のおじいさんにとってこうして自分に唱えた言葉は、「がんばれ」と自分を励ますためものであり、「これでいんだ」と自分を納得させる言葉だった。

こい》」と唱えました。こういって隣家のおじいさんが、自分に掛け声をかけながら働きに行くのを聞いていると、今、おじいさんがどんな気持ちか分かるような気がしたものでした。

いかにせん
頼む陰とて　立ち寄れば
なお袖ぬらす　松の下露

後醍醐天皇の御世に、遠野の殿様が南朝に仕えたことがあったそうです。その時、領主の留守をいいことにして悪政が行われたので、領内の百姓、町人たちはさんざん苦しい目にあわされたと伝えられていました。

だから、「寄らば大樹の蔭というが当てにはならない」という意味で、後醍醐天皇の御歌を真似て唱えたと言われていました。にわか雨を逃れて木の下に雨宿りをした時に、落ちて来る滴を見上げて、隣家のおじいさんがいつもこう唱えました。わたしたちもそれを真似て、雨宿りをした時にこういって唱えたものでした。

平清盛は熊野信仰の熱心な信者だったと伝えられていて清盛の話もよく聞いた。平清盛が熊野詣でをしたころは「蟻の熊野詣で」と言われて、蟻の行列のようにぞろぞろと熊野詣でに行ったと伝えられている。

遠野には熊野詣でを唱えているという謎掛けも伝えられている。そのなぞかけは「えっけぇどのにけぇど、さんぐらこのしけぇど、長谷の観音戸隠明神熊野の別当様なぁんじょ」と唱える。

一つ　人より　はげ頭
二つ　ふたそべぁ（二倍）　はげ頭
三つ　見事に　はげ頭
四つ　よっぽど　はげ頭
五つ　いっつも　はげ頭
六つ　むやみに　はげ頭
七つ　なにすて（なぜ）　はげ頭
八つ　やっぱり　はげ頭
九つ　ここれぁにねぇ（ここらにない）　はげ頭
十で　とうとう　つるっぱげ

一から十までの数を使って禿げ頭をいっていますが、どの言葉もぴったりなので、隣家のおじいさんの禿頭をちらちら見ながら唱えるのが楽しかったものでした。この言葉を唱えると連れ合いのおばあさんに、「年寄り馬鹿にすっつど猿になるんだぞ」といって叱られました。でも、おじいさんはけろっとして、「なんてもねぇ（何んでもない）、俺のことではねぇんだから。それはな、昔から伝わっている唄っこで、ずうっと昔、六原殿のかぶろ（禿）といってわざわざ髪をおろした十五、六の若え者（少年）たち）が居だったと。その若え者たちは、平清盛が召し抱えていた密偵だったと。今で言うならばスパイみたいな役目をする者たちで、世間の人たちにやんたがられで（嫌われて）いだった（いた）と。この唄っこは、そうした者たちに対する悪口みたいなものなんださ」と言っていました。また、

「偉ぇ人たち（権力者）も、婆様と同じで禿頭の悪口だと思ったから、この唄っこはこれまで咎められねぇで、ずっと伝わって来たんだど」

とも言っていました。

向こうのお山に　火がぽっぽ
あれは火縄か　たいまつか
よくよく見たらば　禿頭
あれで日本中　みな照らす

この唄を唱えると、隣家のおじいさんは、

「としょり（年寄り）馬鹿にするもんでねぇ」

と言って怒りました。だから、「六波羅野のかむろ」というのは本当のことなんだなと分かったのでした。

源義経は兄源頼朝のために平清盛を滅ぼしたが、頼朝は弟義経を憎み、義経の力を恐れて義経を滅ぼしてしまったと伝えられている。

義経は奥州平泉の藤原氏のところに預けられて育ったので、東北の人たちは判官びいき。

遠野の殿様阿曽沼氏は頼朝の家臣だったので遠野の人たちは子守唄に頼朝のことを悪いねずみとうたい、平清盛を仏とうたっている。

「めっけ物はちりん」とは拾った物八輪、黄金のたまのこと。「はたる奴ぁぬすびと」とは、催促する奴は盗人ということ。

子どもたちも、小石とか草のような自然からとったものを使って遊んでいてなくしたとき、それを拾った子が、拾ったものを高くかざして「めっけ物はちりんはたる奴ぁ盗人」と大声でうたってそれを自分のものにしたりした。

めっけもの（拾い物）　はちりん（八輪）
はたる（催促する）やつぁ（奴は）　ぬすびと

ずっと昔、源頼朝の弟で義経という人を、奥州平泉の藤原氏のところに連れてきた金売り吉次という人があったそうです。その金売り吉次という人は、山師を頼んで金を探させていたそうですが、山師は沢から砂金を見つけると、溶かしてたまにして、真ん中に穴をあけ、輪の形にしてつなぎ、縞の財布に入れて持ち歩いていたのだそうです。

ところが山師はその縞の財布を落としてしまい、拾った人は九つ入っていた黄金のたまを一つだけお上に届けて、後は自分の物にした。それでみんなは八つの長者と呼んだと、「千福山」という子守唄にうたわれています。このうたの「めっけものはちりん」とは、そうやって拾った縞の財布に入っていた九つのたまのうちのお上に届けた残りの八つの黄金のたまのこと。「はだるやづぁぬすびと」とは、「山師が見つけた黄金は、もともと自分たちの山のもの。それを落とせば山に返したことだから、拾ったのではない、山師が山から見つけたと同じように山から見つけた。だからそれをよこせという奴は盗人だ」と言っているそうです。

和ぁものぁ　和もの
人のものも　和ぁもの

早口言葉として唱えた言葉です。ずっと昔、偉い人たちは自分のことを「和」と言ったので、わたしたちの先祖は、権力を持つ者たちに対する当てこすりとして、こう唱えと言われていました。子どもたちも、威張っている子や欲の深い子に、早口言葉を唱えて遊んでいるふりをして、大声で当てこすりとして唱えたりもしたものでした。

お諏訪の紅葉　真っ赤だ
下裏　下戸だか　真っ青だ

わたしの家の近くに、源頼朝が奥州平泉の藤原氏を滅ぼした時、手柄をたてたので遠野十二郷を賜り、遠野の領主となったと伝えられている阿曽沼氏の城跡があります。そこの山続きに阿曽沼の殿様の氏神様だったという諏訪神社があり、「お諏訪の紅葉」とはその諏訪神社の前にある紅葉のことだと言われていました。遠くから眺めると遠野で一番真っ赤な紅葉だと言われていたそうです。ところ鼻から口まで垂れている濃いはな汁のことを「棒っぱな」と言う。

こうした棒っぱなを垂らす子は体は丈夫だが頭は少々よわいと言われてすごく恥ずかしい事だとされていた。だから棒っぱなを垂らす子の親まで笑われると言われていて、親も本気ではなをかませたから、鼻の下を赤くしている子がいた。

「ああ　しょす」とは「ああ笑止、ああ恥ずかしい」ということ。

が、真下から見上げると真っ青な時があり、こうしたことを「下裏下戸だか真っ青だ」と言っています。これは、だんだん落ち目になって行く殿様を風刺してできた言葉だそうです。この紅葉は山火事で焼けてしまったと言われていました。

現在「お諏訪の紅葉」と言われている紅葉も、うたの言葉の通りで遠くから眺めると真っ赤ですが、見上げると真っ青な時が何日かあります。

棒っぱなたらして
酒買えに（買いに）来るのは
おまえの子でねぇが（ないか）
ああしょす　ああしょす

この唄は、阿曽沼浪人の子が棒っぱなをたらして酒を買いにくるのをみて、百姓であるわたしたちの先祖は、そうした阿曽沼浪人に対する当てこすりとしてうたった唄だと言われていました。

阿曽沼浪人とは、遠野の領主阿曽沼氏が、約四百年続いた後に家臣の謀反によって滅びたと伝えられており、そうした阿曽沼氏の家来だった人たちのことだそうです。

阿曽沼の殿様が滅びたあと八戸から南部直栄という殿様がお国替えになり遠野へやってきた。このときのことをうたったといわれて、

八戸たつとき　褌忘れ
長い道中　ぶらぶらと

とうたう八戸節という唄が伝えられている。殿様は裸一貫で長い道中を歩いてやって来たということ。

「侍としていばっていたのに殿様が滅びて浪人になってしまったら、自分たちよりも貧乏で、子どもにも汚いなり（服装）をさせ、それでも子どもに酒を買わせて飲んだくれている。そうした生き方では、ああ恥ずかしい　恥ずかしい」とうたっています。

南部の殿様　粟飯　へ（稗）飯
喉にからまる　干し葉汁

遠野は阿曽沼の殿様が家臣の謀反によって滅びてから、二十年ぐらい荒れ果てていたそうですが、八戸から南部直栄という殿様がお国がえになり、遠野を治めることになったそうです。

ところが南部の殿様の時代は凶作や飢饉が多くて大変だったそうです。お年寄りたちは百姓一揆のことをよく語りました。物語ではない真実のことなのですから、いつも真剣に語っていました。そうした時に「このうたっこはな、南部の殿様は、年貢米を納めれない時には、粟でも稗でも納めていいといってくれる情け深いお方で、殿様も粟飯、稗飯、干し葉汁といった質素な食事をとられたといってるんだと。ほでもなあ（けれども）、米だけ納めるのであれば、粟稗食って生きるにいいが、粟も稗も納めさせられだら食うものぁ

遠野南部の殿様である南部直栄を、三戸の殿様に人質同様にとられた清心尼は、遠野が家臣の謀反によって滅びたのは殿様が家臣の心を踏みにじったからだとして、人の心を大切にし、荒れ果てた遠野を立て直すために「一夫一婦制」と「へら持ち制」を行った。そして厳しく守らせたから遠野は見事に立ち直ったと伝えられていて、唄にも、

八戸たつときぁ
涙でたったが
今でぁ　八戸の風も嫌だ

とうたわれている。

何もなかったと。ほだから（それだから）本当は、粟稗まで持って行かれたら、俺たち百姓は何食って生きればいいんだって言いたくて、こうしたうたっこをのこしたんだとさ」

と言っていました。また、

「遠野の殿様は飢饉の時には年貢米をとらなかったとか、百姓一揆で早瀬河原に集まったのは、よその土地から来た人達で、遠野の人達ではなかったと言われたりしているようだが、飢饉の時の無残な記録があったり、餓死をした人たちの供養として五百羅漢とか飢饉の碑がのこされたりしている」

と隣家のおじいさんたちは、いつも怒ったように語ったものでした。

百姓たちが泣く泣く納めた年貢米は、家臣たちにも与えられ、そうした人たちのなかには酒を造って儲けたり、たて馬（農家に飼わせる）をして子馬を売って儲けた人たちもあったということでした。遠野は昔から馬産地で、蹄の丈夫な馬が育つので高く売れたそうです。飢饉でも馬は草を食べれば生きていられるから困らないし、子馬は毎年生まれるから権力者は儲かる。

昔の遠野の子どもたちが、とんぼを捕まえて「牧場の馬っこ」という遊びをしたのは、子どもに遊びを通してそうした先祖の辛さを語り継ぐきっかけとしても伝えられています。

かなだの地蔵様とは遠い彼方の地蔵様ということ。
熊野の信仰からいわれている言葉だと教えられたが、紀州の熊野に地蔵様に餅をたくさんついて供える祀りがあるということを、偶然テレビでみたことがある。

彼方の地蔵さま　なに餅ご好きだ
小豆餅ご好きだって　おききと泣いた

お年寄りたちは、小豆餅が食べたくなるとこういって独り言のようにたびたび唱えました。そうすると家族は、「ああ、餅を食べたくなったんだなあ」と察して、年中行事のたびにつく餅のほかに、よもぎ餅とか、ごぼう葉餅などのような季節につく餅をついて食べさせたものでした。

ドンドンチンチン
ドンドンチンチン　誰ゃ教えだ
いしかべぁお方のなか教えだ
ドンドンチンチン　教えねぇば
まんま　食れねぇ　アー　エー　ヨー

南部ばやしの音が、こう言っているように聞こえると言われていた唄です。昔は、しし踊りは在方の踊りで、南部ばやしは町方の踊りとされていたのだそうです。遠野八幡宮のお祭りに、町方の女の子たちが紅白粉を塗り、長袖の赤い着物に屋号の入った黒じゅすのまわしをしめ、手っ甲、脚半に白足袋、紅緒の草履といった格好で、造花の小枝をかざしながら踊るのを見ていると、とても羨ましかったものでした。祭りが終わると、隣家の女の子と二人で、小枝に紙で作った花を結わえ、まわしの替わりに風呂敷をしめ、鼻筋には米の粉とか小麦粉を塗って南部ばやしの美しい踊り子になったつもりになりました。すると、そばで見ている隣家のおばあさんが、黙っていてもこの唄を繰り返しうたってくれるので、わたしたちは祭りの日の光景を思い浮かべながらしゃなりしゃなりと踊って遊んだものでした。南部ばやしは、寛永四年、八戸から遠野へ国替えした遠野南部二十二代南部直栄公が、遊芸師に命じて、京都の祇園ばやしを模倣して作らせたものだと言われていました。

この唄は「南部ばやしを誰が教えた。いしかべという人のお方(妻)のナカが教えた。ナカは、南部ばやしを教えなければ飯が食えない」とうたっています。

「いしかべぁお方のなかおしぇだ」とうたっているのは、「石壁のなかの殿様が教えた」ともとれます。だから本当は、「おれたち百姓は、こんなに苦しい暮らしなのに、お城のなかの殿様は、祇園ばやしのような華やかな踊りを町方に踊らせ、凶作や飢饉が続くのに、豊年だ、豊年だとうたわせている。そうやって俺たち百姓をお南部ばやしのことを「ドンドンチンチン」あるいは、「タンタンポンポン」とも言う。「太鼓」「かね」「つつみ」「三味線」などの音からとってこういうといわれていた。また、陰では「ちゃんちゃんれんつ」とも言った。

踊りはねることの好きな人とか浮かれ歩くことの好きな人もこう言われた。


だてなければ、飯が食えないのか」とわたしたちの先祖が、南部ばやしの音を真似て言っているということでした。

ハアー　オッ
タンタンポンポン　タンタンポンポン　エー　ヨッ
ドンドンチンチン　すんねぇ奴ぁ　男でァねぇ
ハ　ズッテン　シャンガ　ヨッ　オッ　オエー

南部ばやしの踊り子たちの両側に、つつみ打ちの若衆がずらりと並び、掛け声も勇ましくつつみを打ちます。そのつつみの音が、こう言って鳴っていると言われていました。南部ばやしを見て来たあと、まだ心の中に、南部ばやしのつつみの音が聞こえて来るので、隣家の女の子と二人で、こっそり鍋の蓋などを拝借して、

「ハァー　オッ」

と掛け声を掛け合いながら、つつみを打つ真似をし、この唄をうたって遊んだものでした。

この唄は「南部ばやしのつつみ打ちをしない奴は、男ではない」とうたっています。こう言ってうたわれたほど、町中の男たちが南部ばやしに参加したことがあったそうです。

釜石の虎舞は跳ねて踊るので「はねとらめえ」というといわれていて「かめぇす（釜石）のとらめぇ（虎舞）跳ねとらめぇ（虎舞　ヤッセヤッセドン」とうたって跳ねて遊んだ。遠野にも虎舞はあるがこうしたはやし唄はなかった。

南部ばやしは、在方では踊られないことになっていたそうです。それが昭和二年頃、在方でも南部ばやしを踊ることになったということでした。その時に、町方の人たちと在方の人たちとで、「在方の人たちが踊る南部ばやしには、必ず手踊りを入れて踊ること」と決めたそうです。こうしたことを聞いた時、町の人達は意地悪をしているように感じました。けれども、しし踊りは在方の踊り、南部ばやしは町方の踊りとして長い間守って来たのです。それを在方でも踊るとなれば、長い間守られて来たことは守れなくなってしまうのですから、決まりがあって当然だなと思ったのでした。

「よく、町の人たちはしし踊りを踊るって言わないなあ」

と隣家のおじいさんたちに言ったことがありました。すると、

「町の人たちは、ものを分かっているからさ」

とおじいさんたちは言っていました。郷土芸能の踊りは、その村や町に代々伝わってきた踊りです。だから、簡単によその踊りを真似ることは出来ないのです。また、昔から伝わっているものでも、神楽は、しし踊りとか南部ばやしのような郷土芸能とは違うという人もいます。ある人は、「芸能として踊っているのではない。神様に奉納するために踊り、先祖が伝えた心を受け継ぎ伝えるために踊るのだ」と大真面目で語っています。

しし頭の後ろに垂らす「かながら」はシナの木の板を頭から足まで届くほど長く長くひいたもの。
　こうした長いかながらをひける大工はそうざらにはいないといわれている。そうした腕のいい大工がひいた「かながら」を用いることから「ししおどり」のことを「かながらじし」とも呼ぶといわれていた。

でえんこ　でえんこ　でんでんでん
でえんこ　でえんこ　でんでんでん
伝コ　伝コ　伝がまら
きっかだ　かっと　片けゃっぺ

八幡宮の秋祭りが近くなると、どこからともなくしし踊りの太鼓の音が風にのって聞こえて来ました。そうしたしし踊りの太鼓の音がこういって鳴っていると言われていました。

子どもたちは太鼓の音を聞くと、うかれはしゃいでこの唄をうたい、足さばきも軽やかに踊り出すのでした。幼い子には、大人が仕事をしながらうたいかけてやりました。時には、庭先で孫を相手に踊るお年寄りを見掛けたりもしたものです。

しし踊りは男の踊りです。しし踊りのししの数は、十二頭を定数とするそうです。木製のしし頭をかぶり前には幕を垂れ、後ろは、たくさんのかながらで覆って、太鼓と笛のはやしにおおじて、身体を覆う幕を内側から大きく揺り動かしながら踊る、動と静を組み合わせた幻想的な踊りです。

この唄は、しし踊りの踊り手が、上半身を白い肌着だけ、下半身は、脚にぴったり合ったみみじろ（濃紺）のももひきを履き、黒い

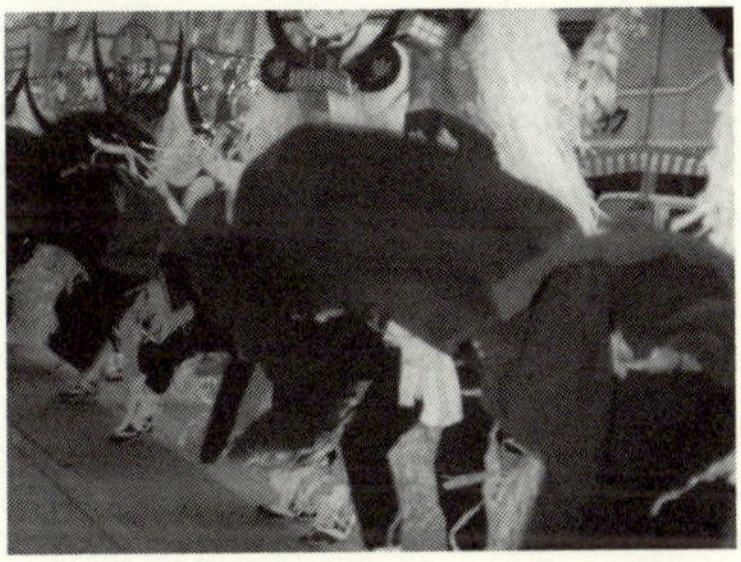

しし踊りは、前に垂れた幕をとって踊りはねるたびに踊り手のあそこが目立つ。踊りがうまいということ。

足袋にしらを（白緒）の草履といった格好で踊りますが、前幕を取って踊りはねるたびに、伝コ（踊り手）という若者のあそこが目立つとうたっています。こうした「しし踊り」を伝えた角助という人のことも、ししおどりの唄と一緒に語ってもらったものでした。

昔、駒木（松崎町）に角助という人があったたったと。ある時、その角助という人は、伊勢参りに行く殿様のお供をして、上方の方サ（に）行ったたと。そうしたところが、遠州掛川というところを通ったときに、とってもおもしぇ（面白い）踊りを踊ってだったたと。角助は踊りが好きなタチだったたから、つい見とれてしまったたと。

それからなんぼか経ったんだか、はっと気ぁついで見たところが殿様の行列は居なかったたと。「さえ、これぁ　てえへん（大変）なことしてしまった」と思って、角助は夢中になってぼっかけだ（追いかけた）と。

「殿様の行列ぁ通らなかったますか」って聞き聞き尋ねて行ったところぁ、殿様の行列は百姓家の庭先さ休んでだったたと。角助は刀をとりあげられて、殿様の前さ引き出されたたと。家来共ぁごせやいで（怒って）、「殿様のお供に来ながら、はぐれるとは何事だっ。成敗しねぇばねぇ」ってきかなかったたと。

赤羽根峠を越えれば気仙だが気仙の人たちが踊るおどりの音は「南部サ越えれや米の飯たもる良い酒たもるだからおんどり踊らねばなんめぇすな　ダガエゴダンスッタンタン」といっているといわれていた。

踊り方が違い遠野（南部藩）の踊りは足さばきも鮮やかにはねて踊るが気仙（伊達藩）の踊りはゆるやかで唄のおわりに「スッタンタン」といって足をそろえて立つと言われていた。踊りの終わりに足をそろえて立つというのが面白くて想像しながらうたって遊んだ。

そうしたところが殿様は、「いやいや　待て。遅れたのには訳があるべから、まず遅れて来た訳しゃべってみろ」ってしぇった（言った）と。そだから角助は、「踊りがあんまり面白かったから見とれてしまって、殿様の行列からはぐれ申した」って、正直にしぇったと。そうしたら殿様は、「そんなに面白え踊りだったら、ここで踊って見せろ」ってしぇった（言った）と。

それで角助は、てぬげ（手拭）でぎっつど（きっちりと）ハチマキをしたと。それから、百姓家の軒端さかけてあった鎌を二丁とって、鹿の角のつもりだってハチマキさはさんだと。そして「デエンコデエンコ　デンデンデン…」って太鼓の音の拍子で、足さばきも鮮やかに、軽々と見て来た踊りを踊りだしたと。

誰も見たことのない踊りだったと。それに角助はもともと踊り上手なタチだったし、この踊りを踊りあげたら、頭さ差してる鎌で腹かき切って死ぬべと思ってだったから、それは何とも言われねぇぐれぇ見事な踊りだったんだと。殿様も家来たちも、ただただ見とれたと。そして踊りあげたとき、殿様は、

「いやぁ、こんな見事な踊り見たことぁねえ。これは人の気持ちをふるいたたせる不思議な踊りだ。この踊りを遠野にもってって、在方の踊りとして、百姓たちに踊らせたいと思うから、お前にこれから三年

の間暇をやるから、その踊りを習って遠野に帰って広めるように」ってしぇったんだと。

それで角助は、それから三年の間、遠州掛川というところでその踊りを習って、遠野に帰って来てから、遠野の人たちに教えだんだと。それが今のしし踊りのはじまりなんだとさ。

こうした角助のことを語るのが、隣家のおじいさんのおはこで、毎年、秋祭りがくると自分の自慢話のように語り出すのでした。

角助という人のお墓は、松崎町駒木の海上というところにありま す。昔は、お祭りとかどこかに頼まれて行って、「ししおどり」を踊る時、その前に「かさぞれ（かさ揃い）」といって小宴を開き、角助のお墓と角助の母親のお墓にいって拝んでから踊る習わしだったと、角助のお墓の側に住むおばあさんが言っていました。また、しし踊りを頼まれてみんなで踊ったあとで、「かさこす（かさ壊し）」といって小宴を開く時には、必ず、から傘を持って、伊勢音頭を踊ったものだとも言っていました。

さんば　屁ぇたれだ
おへぁとら　かまた

しし踊りを踊る時に踊り手がかぶるしし頭にはいろいろな模様が描かれているが、二丁の鎌を交差させた「チガイ鎌」の模様があり、これは角助が死を覚悟して二丁の鎌をハチマキで結わえて踊った時のことを表していると言われていた。

子どもたちは早口言葉としてもこういって唱えて遊んだ。また、話し言葉に、「猫っこ」「水っこ」というようにやたらと「こ」をつけると「聞きずらいぞ」という言葉の代わりに、大人にこうはやされることもあった。

「さんば」とは、神楽に出て来る道化役のこと。この唄は「さんばが、屁をした。おへぇとら（人の名）が嗅いだ」とうたっています。子どもたちが、「屁臭せぇ」と騒ぐと大人がこううたいました。

棚っこの　すまっこ（隅っこ）の
笊っこの　豆っこ
小僧っこに　かさっこで
かつぐって（すくって）けでけもしぇ（やってくれ）

「お寺の小僧が、御報謝と言って門口に立った時には、棚の隅の笊の豆を、かさっこですくってやってくれ」ということ。「かさっこ」とは、小皿位の盃に似た木製の容器で、施しをする最低の量とされていました。ずっと昔からだそうです。

仙台萩の　政岡は
まんま（飯）も食わずに　忠義する
まんまを食わぬが　忠義なら
非人も乞食も　みな忠義

有名な伊達騒動を風刺して唱えたと言われていました。仙台藩は、わたしたち南部藩の隣りです。

とらやー　とらやー

なむとらやー

伊達政宗は幼名をぼんてん丸と言い、ぼんてん丸のころの師が虎やという和尚様だったと言われていました。

遠野の殿様であった阿曽沼氏が、家臣の謀反によって遠野をのっとられた時、伊達政宗が力を貸してくれたと言われていました。遠野の殿様阿曽沼氏が滅びてから二十年くらい後に、八戸から南部直栄という殿様がお国がえになり、遠野を治めることになったそうですが、殿様は三戸の殿様に人質同様にとられていて実際には殿様の姑にあたる清心尼という女の殿様が、遠野を治めなければならなかったそうです。その清心尼という女の殿様は、阿曽沼の殿様の家老たちをおだてて謀反を起こすように仕向けたと言われていた三戸の殿様の姪だったそうです。

遠野は赤羽根峠を越えれば伊達の領地であり、伊達政宗は阿曽沼氏が滅びるとき助太刀をしてくれたので、家臣をおだてて謀反を起こさせた三戸の殿様の姪となれば、清心尼は仇なわけです。だから、攻められたらひとたまりもありません。それで遠野の人たちは、遠野を治めにやってきた新しい殿様に対して、

「とらやー　とらやー　南無とらやー　どうか攻めて来ませんようにと祈りたい気持だろう」

と風刺してこう唱えたと言われていました。けれども、百姓だって戦になれば大変です。だから、自分たちの気持ちとしても、殿様と同じように伊達政宗を恐れてこう唱えたのだそうです。

それでも、伊達の殿様は偉いお方で、清心尼が荒れ果てた遠野をたてなおすとき、見て見ぬふりをしてくれたことがいっぱいあり、お陰で遠野は見事に立ち直ることができた。それで、その後も、伊達政宗の霊にたいして、「とらやー　とらやー　なむとらやー」と唱えたということでした。「なんとか保ってくれますように」と祈りたい気持のときにも、こういって唱えました。お経のなかにこうした言葉があるのだそうです。

秋田とるべっと　秋田にとられ
猫のほっかぶり　尻こじゃり

知らんぷりをすることを、「ほっかぶり」という。手ぬぐいで頬を包むこともほっかぶりという。

猫に手ぬぐいでほっかぶりをさせると、手拭を取ろうとして後ろへ後ろへと下がります。この唄は、秋田を自分のものにするつもりで攻めながら、かえって秋田に攻められ、ほっかぶりをさせられた猫みたいにじりじり後ずさりをし、後は知らん顔か、と秋田戦争の時の殿様を風刺していると言われていました。

秋田の坊主ぁ　屏風担んで通るが
屏風か　坊主か　坊主か　屏風か

わたしたちは言葉を間違わないように唱えて遊ぶのが面白かったものですが、大人たちは仕事に飽きると、「あぁぁ　秋田（飽きた）の坊主ぁ来た」と言ってこの言葉を唱えました。

秋田から大きな荷を背負った屏風売りとか椀売りがきました。汗水流して働いている遠野の人たちには、そうした人達の仕事がすごく楽そうに見えたのだそうです。だから、「ああ　疲れた。いいなあ、秋田の人は楽そうで」という意味でこう唱えました。

また、向こうを通る人を見て、「担いでいる荷が大き過ぎて分からないが、あれは誰なんだろう」という言葉のかわりにこう唱えることもありました。

しぇっ　しぇっ　秋田でぁ　しぇっ
しぇしぇ餅　しぇしぇつで
しぇしぇ食うど　しぇっ

秋田の人たちは、「あのしぇっ」、「このしぇ」というように語尾に「しぇ」という言葉を度々使うそうだと言われていました。

わたしたちは、「あのさ」「そしてさ」と、語尾に「さ」を多く使いました。だから話をする時に「さ」をたくさん使うと、

「お前も秋田の人たちと同じだぞ」

という言葉のかわりに、いきなりこう言って大人にうたいはやされることがありました。

「しぇしぇ」と続けると、遠野言葉で「さいさい、たびたび」といった言葉になります。だから、

「秋田は米所だからさいさい餅をついて食べるんだと。いいなあ」

という意味にもとり、餅を食べたくなった時に、お年寄りたちがこう唱えたりしたものでした。

昔の人たちにとって餅は、祝儀、不祝儀、年中行事などにしか食べられないごちそうだったそうです。わたしが子どもの頃も戦中戦後の物のない時代でしたからやはりごちそうでした。

みにくい奴に言い負けたときは陰口として、七、八、九、十のところを、「すずみだぐなす　はとばせ　糞でも食せで　泊めでやれ」とも唱えた。

一瓜ざねに　二丸顔
三にししゃつさ　四に面長
五膨れんこに　六じゃぐす（しゃくし）
七まで下がった馬の面　八あばた
九片めっこに　十あごなす（あごなし）

昔の美人と言われた顔形を順番に唱えていると言われていました。一番美人は瓜ざね顔、二番は丸顔、三番は平たい顔、長顔、ふくれっ顔、あごのしゃくれた顔、長すぎる顔、あばた顔、片目、あごの短すぎる顔と続きます。

横田のびょうぶ（骨接ぎ）ぁ　めぇ（前）
坊主ぁ　屏風担んで　通るが
坊主か　びょうぶか
びょうぶか　坊主か

横田のびょうぶとは、気仙（昔は伊達藩、隣の藩）の横田というところの骨接ぎのことです。昔、横田に河童から骨接ぎを教えられたと言われていた腕のいい骨接ぎがいたそうです。そうした横田の昔はおばあさんが全責任で孫を育てた。母親は仕事をしながらそれを見た。そうすることで自分の子どものころの体験と合わせ、なるほどなぁと納得することができた。

だから、おばあさんになって孫を育てる番がきた時に本気で孫を育てた。代々それを繰りかえし、子育てに間違いはなかった。

現在は体験もない、子育てもあまり見たこともないお母さんが子育てをすることが多い。


骨接ぎの家の前を、坊主が屏風を担いで通るが、骨接ぎは治せるだろうか、それとも坊主の出番だろうかとうたっています。屏風とは死人が出た時、死人のそばに立てる屏風のことです。

一で　辛いのは　子守こが辛い
二で　憎まれ
三で　叫かばれて
四で　叱られ
五で　ごしぇ焼かれ（気を悪くされ）
六で　ろくだと言われない
七で　すめす（おむつ）を　洗わせられで
八で　はだがれ（たたかれ）
九で　口説かれて
十で　とっくと（芯から）　子守こは辛い

子守のことをうたっている唄です。昔は口減らしとして数え年七歳ごろになると女の子は長者どんの家に子守っ子として貸される子もいたのだそうです。

普通の家ではその家のおばあさんが子守をしました。けれども長おばあさんは自分の責任で孫を育てた。孫を育てることは仕事ではなく、責任だった。だから生きる張り合いがあるし、ボケてなどいられなかった。

現在は、若いお母さんが子育てをしている。人の心は昔も今も変わらない筈。だから、若いお母さんは体験がなくても、子どもはこうして育てるものとして伝えられてきた昔からの子どもの育て方を信じて、その通りに育てるといい。

思いつきで育てられた子どもは、人になるためにあとで苦労をする。

者どんでは、子どもに子守をつけて面倒をみさせ、遊び相手をさせたので、貧乏な家の子が子守として奉公に出されることがあったのです。わたしが子どもの頃も、長者どんに子守として雇われ、大人になってもそのまま下女として働いていた人もいました。

隣家のつっつ婆も、子守ではなかったようですが、少し大きくなってから男の子のある家に貰われて育ったそうです。その男の子は一人っ子だったので、友達のつもりでもらったようですが、もらわれたおばあさんにすれば、親から離れて暮らさなければならなかったのですから、辛かったんだと思います。時々、遠い昔を思い出すようにこの唄をうたっていました。寂しそうに、聞こえるか聞こえないかぐらいに低くうたうので、節は心にあっても真似られないので、わたしは言葉だけを聞き覚えて唱えて遊んだものです。唱えるとかわいそうな子守っ子の姿が心に浮かんで、それが親と離れて寂しかったにちがいない、つっつ婆の子どもの頃と重なるので、「その唄を教えて」とは言いかねました。だから黙って聞いていたものでしたが、つっつ婆が寂しそうにうたっていた低い歌声は今でも心に残っています。つっつ婆のように、誰に聞かせるのでもなく自分にうたう。そういう唄もたくさんありました。

一で怖いのは子守こが怖い
二で憎まれ
三で叫ばれで
四で縛られ
五でごげはすあらだめられで
六にろくなごどしゃべられねぇ
七ですめすを洗わせられで
八ではたかれ
九でくられ（叱られ）
十で所（在所）まで良いどもやれねぇ

「一番怖いのは子守だ。おんぶをしている子が泣けば、すべて子守のせいだと憎まれ、怒鳴られ、折檻をされ、食事もへだてられ、ろくなことはいわれない。おむつを洗うのは子守の仕事だが寒中水を使っておむつを洗うのはアカギレが痛くて大変だ。怠ければ、すぐに、叩かれ、どなられて、だからお前はと生まれた在所や親まで悪く言われる。だからとっても子守は辛いと子守唄はうたっている。

「唄の通りだったが、これに食い物のこともあるのでそれ以上ひどいこともあった」と子守っ子に貸されたという人は言っていました。

一右エ門どんと　二右エ門どんと
三右エ門どんに　寄り合って
碁打って　六負けで
質おいで　恥かいで
悔しじゃ　十兵衛どん

「自分が八十とか九十になった時に、育てた子を見て、やっぱり昔からの育て方よりはこっちの方がいいというのであれば、育て方をかえてもいい。だが、昔から伝わってきた育て方はみんながやって、いかにもと思うから伝わってきた事なんだ。思いつきでは子どもは育たない。思いつきを信じて大事な我が子を育てるバカがあるか。育てられ方で人の一生は決まるんだぞ」とお年よりたちは言っていた。
　自分流の育て方も同じこと。子どもは親を選べない。

一から十までの数字を追って賭け事に負けた人を笑つている唄です。子どもは言葉を面白がって唱えるだけですが、あどけない子どもの口を通して賭け事の好きな人への忠告としたうたです。

　むこうの山に　火事ぁあって
　めぐら（盲）が　めっけで
　足っぽが　走せで　てんぼが　消した

山に煙が見えた時に唱えたり、そんなことはある筈がないという言葉のかわりに唱えました。

　なった　なった　蛇になった
　あんちん清姫　蛇になった

　あんちん清姫の話も語ってもらったものでした。
「なったなった　蛇になった　なぁに蛇に　なぁられた　長者になぁられた」とも唱えました。これは郷土芸能でうたう唄からとった言葉だそうです。大人たちは、成り上がり者にたいする陰口として唱え、子どもたちは唱えうたとして唱えて遊んだものでした。

たにし

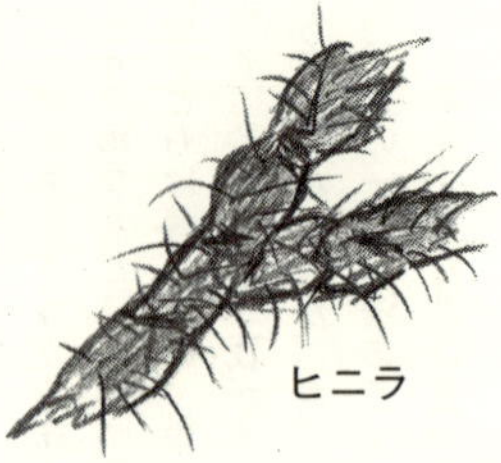

ヒニラ

しぇれしぇれ川の泥かぶり
けっつ（尻）ばり出して　おかしいな

浅い小川を「しぇれしぇれ川」と言います。そうしたしぇれしぇれ川で隠れたつもりが尻を出しているたにしのことを、しぇれしぇれ川の泥かぶりと言っています。

苦々しいな　ところどん
身の毛抜かれて　おかしいな

苦々しいとは、苦いということと気に障るなあということ。

この「ところ」と「たにし（しぇれしぇれ川の泥かぶり）」のうたはところになったり、たにしになったりして、二人で掛け合って遊びます。退屈な」にいきなりところのうたを唱えると、すぐたにしのうたを返してくれたものです。また、ところもたにしも、凶作とか飢饉のときに食べて命をつないだ有り難い食べ物として大事にされてきたと言われていました。昔話としても語りました。

「ところ」は山芋科のつる草で早春に山から掘ってきて食べる。根には長い毛が生えていてとてもニガイ。だから毛が抜けるまで何回となく水をとりかえて煮て食べる。七回半煮ると苦くなくなるといわれていた。それほど苦くても、「おなご（女）ど、ところくずぁ残んねぇ」と言われていて、苦い苦いと言われながらいつの間にか食べてしまった。ところは胃腸の薬だといわれていて胃腸の悪い人は春先になると掘って食べた。


昔あったずもな。

あるしぇれしぇれ川の川っぷちさ、川のぞき込むようにして　ところぁ　おがって（生えて）だったと。ところぁ、えっつ（いつも）も、けっつ（尻）ばり出してるつぶ（たにし）見で、おかしくてなんねぇがったと。ほだがら（だから）、

「しぇれしぇれ川の泥かぶり　けっつばり出しておかしいな　」

って、つぶさ　歌掛けだと。したどごろぁ　つぶぁ、

「にがにがしいな　ところどん　身の毛抜かれておかしいな」

って　歌返したったとさ。どんどはれぇ。

博打　馬喰　馬鹿えさば（いさば）
続いてはしぇる（走る）は　鉄砲撃づ

この言葉は、遠野の人たちが山師仕事として嫌っていた仕事の順番だそうです。こうした仕事をする人のことを、お年寄りたちは陰で道楽者と言っていました。

働かないで大金を儲けようとする博打うちは損も大きいので一番いけない山師仕事。次ぎは育てもしないで売り買いだけで大金を儲けようとする馬喰が山師仕事。馬喰の次のいさば屋は、大金は扱わ

人は誰でも失敗をするが、やってしまった時には笑われても仕方がない。
じたばたしないで月日の経つのを待つしかない。
だが、少々の恥ならそれでもいいが、大恥はその人の一生を駄目にする。大恥はその人に一生つきまとう。だから、子どもの時に小さい恥をいっぱいかかせて恥というものを教えた。それがはやし唄の遊び。

ないが峠を馬で運んできた生物や乾物を並べて、来るか来ないか分からない客を待っているので、そのうちに商品が腐ってしまったら金を捨てることになるからこれも山師仕事。四番目は鉄砲撃ち。一日中山を歩いて獲物がなければ無駄足。外したら鉄砲玉が損。だからこれも道楽者のやる山師仕事。
これが地道に働く百姓たちからみた山師仕事として嫌われた仕事の順番です。どの仕事も重労働を嫌っています。

おらえ（俺家）の　べごっこ（牛）も
あげぇべごっこ（赤い牛）
隣のべごっこ（牛）も　　あげぇべごっこ（赤い牛）
そだから（だから）みんな　あげぇべごっこ（赤い牛）

ものをちゃんと見ない子、聞かない子、知ったかぶりをする子が、大人にこう言ってはやされました。子どもも真似てはやしました。早呑み込みをするな。よく見ろということ。

おらえの　べごっこも　おれぁ（俺の）　べごっこ（牛）
隣のべごっこも　おれぁべごっこ（俺の牛）

そだからみんな　おれぁべこっこ
「おらえ（俺の家）のべごっこ（牛）も俺の牛　隣の牛も俺の牛だからみんな俺の牛」ということ。欲張りな子、威張っている子に対する当てこすりとして、早口ことばを唱えて遊んでいるふりをして、高々と何人かで唱えたものでした。

団子投げれば　団子ぁ来る
石投げれば　石ぁ来る

人によく当たればよく当たられるし、悪く当たれば悪く当たられるということ。いつも言われたことばです。

恥を知らない人は、笑われても気がつかないから平気で恥になることをして笑われて、何で笑われるのかと怒ってまた笑われて、恥を繰り返して生きている。

かごに乗る人　担ぐ人
そのまたわらじを　作る人

隣家のおじいさんは冬になるとワラ仕事などをしながら、「世の中には、かごに乗る人、担ぐ人、そのまた草鞋を作る人って、いろんな生き方があるもんだが、俺は草鞋をを作る人で終わるんだども、草鞋を作る人もねぇば（なければ）、この世はなりたたねぇ

「丸い卵も切りようで四角ものも言いようで腹が立つ」「似合わないよ」と言われれば「ムカッ」とくる。言葉に気をつける。

んだから、俺はこれで良えんだ」

と言って、いつもこの言葉を唱えていました。諺としても使われているということはだいぶ後になってから知りました。こうした言葉は、必ずその場に当たった時、感じた自分の気持ちとして唱えました。昔の人たちは、こうした言葉を隣家のおじいさんのように、感じた時に誰にともなく唱えたそうです。同じように唱えて遊んだ唄で、諺としても使われている唄があります。こうした言葉も決まった唱え方をしました。だからわたしたちは、言葉だけを唱え唄として昔通りに唱えて遊んだものでした。

丸い卵も　切りよで四角
ものも言いよで　角が立つ

角の立つような事はしゃべるな。言葉に気をつけろということ。

寝るほど楽なことはない
起きて働く　馬鹿もある

農家ではどこの家でもも昼飯を食べたら一時間ぐらい「昼休み」

といって昼寝をしました。また、年中行事の日は「遊ぶ日」といって、仕事を休み、寝たい時はいつでも寝ることができました。

こうした昔からの約束ごとを守らないで、働いている者を見た時に、「今は寝て体を休める時なのに、起きて働く馬鹿がある。あれはものごとを知らない馬鹿な奴だ」という意味で独りごとのように大人が唱えました。また「だから、俺は寝て起きる」と、寝る時に、誰にともない断りとしても唱えました。

子どもたちはこうした言葉が面白いのでそれを真似て、枯れ草とか、乾し草の上にごろんと寝っ転がった時に、いい気持ちだという言葉のかわりにこう唱えたりしたものでした。

桃栗三年　柿八年
梨のべらぼう　十三年

桃とか栗は三年目あたりから花が咲き、やがて実がなります。でも、柿はなかなか実がつきません。梨などは相当幹が太いのにこれまた、実がつきません。毎年待っているのに実が成らないといらいらしてきます。

だから実の成らない柿の木とか梨の木を見上げては、悪口のようにこう唱えたものでした。諦めて待つ言葉にもなります。

桜伐る　馬鹿もある
梅伐んねぇ　馬鹿もある

桜をきると枯れます。梅はきらないと茂り過ぎて実がつきません。桜の木にのぼって黒くて小さいさくらんぼをとって食べました。「またあがったな」と言って叱られ、「おら、あがんねぇよ」と嘘をつくのですが、唇も舌も紫色に染まってしまうので、すぐばれてしまいました。
こうした時に、桜は折れやすくて危ないとか、幹に傷をつけたら、そこから木が弱ると教えられました。

お前追従に　もの言う奴は
陰で人ごと　そしらしゃる（悪口を言う）

お世辞をいう者は陰で人の悪口を言うということ。

いっときこでぇれば（こらえれば）　こでぇるごど
こでぇっとこ　こでぇねぇで　こど出した

ちょっと我慢すれば何事も起こらなかったのに、癇癪をおこしたから後で大事になったということ。

唄っこうたれば　世間の人は
あれは苦のない　馬鹿と見る

伝えられている唄には、田植え唄、草刈り唄、祝い唄、というように、それぞれ役目があってうたわれています。だから唄の役目を無視して、大声で好きな唄をうたうとこう言われました。あれは苦のない馬鹿な奴だと笑われるということ。

今でも例えば、茶碗を洗いながら唄をうたうような人がこう言って笑われたりします。

さんさ踊る奴ぁ　こけな奴ぁ踊る
それを見る奴ぁ　なおこけだ

現在の郷土芸能と言われている踊りの中では、さんさ踊りは後から入ってきた踊りなので、昔から伝えられている郷土の踊りが、すたれてゆくことを恐れてこう唱えたと言われていました。

さんさ踊るべっと　けぁもづ鍋まけた
けぁもづさらべっと　恥さらった

「けぁもづ」はそば粉で作る米の代用食。「けゃもつ鍋まけた」とは、ろくな座敷もないので台所で踊ったらつまづいて、けゃもづの入った鍋をひっくりかえしてしまったということ。

「けゃもづさらべと恥さらった」とは、鍋をひっくりかえしてしまって、けゃもつを食っていた貧しい生活程度を知られてしまうし、そのけゃもつをさらうために大恥をかいたということ。ろくに食べる物もないような貧しい暮らしをしていながら浮かれ踊っていると、さんさを踊る人たちへの当てこすりとして唱えたうた。

「けゃもつをさらう」と「恥をさらう」といった言葉の使い方が面白くて唱えて遊んものでした。確かにこういうのは恥だなあと思ったものです。

昔から伝わる神楽、しし踊り、田植え踊りなどは、跳ねて踊るが、新しい甚句踊りは足を擦るような踊り方をしたので、「畳みきしゃす（畳みが擦り切れる）」とうたっている。また、昔の踊りは着物を短く着て踊るが、甚句は裾を長く着て踊ったので、「裾きしゃす（着物の裾が擦り切れる）」とうたっている。これは、甚句踊りがおおはやりをしたとき、甚句踊りに夢中になっている人たちを風刺したうた。

甚句踊る奴ぁ　こけな奴ぁ踊る
畳みきしゃすの裾きしゃす

さんさ踊りも甚句も新しく入って来た踊りなので、そうした新しい踊りに夢中になる者たちに対する風刺として唱えたと言われていました。甚句踊りもさんさ踊りも、昔から伝えられている踊りのように跳ねないで、足をすって踊る動作が多いので、畳みきらす、つまり畳が擦り切れるとうたっています。

また、踊りの振りが早いので、着物の裾も擦り切れるといっています。昔から伝えられている田植え踊りとか、南部ばやしといった女の踊りは、着物の裾を長く着ないので、裾を長く着て踊る甚句踊りを風刺して「すそきしゃす（すりきれる）」ともうたったと言われていました。

雨ぁ降って来た　干し物ぁ濡れる
背中で餓鬼ぁ泣く　飯ぁこびる（こげる）

夕立がくれば、子守は庭に何枚も干してある粟とか稗のむしろ、洗濯物など、取り込まなければならないものがたくさんあって、てんてこ舞いをしました。
干し物を畳むためにかがむと、おんぶをしている子が逆さにされるので、苦しがって泣き騒ぐし、夕飯支度に取り掛かったので、炉端を離れると飯が焦げるのではないかと心配だということ。ものすごく忙しい時に唱えた言葉です。「とらじょさま」という民謡にもうたわれているそうです。

山の木の芽は　ねん年（毎年）ほぎる（芽吹く）
わたしぁ命は　ただ一度

山の木の芽は毎年芽吹くが、わたしの命は一度きりということ。母の祖母が、年をとってから、つぶやくようにときどき唱えていたそうです。
「山の木の芽はねん年ほぎる　わしの若さは　ただ一度」と唱えることもあったそうです。

咲いた桜の　枝折る奴は
情けしらずの　山烏

お祭りの日に、いきなり知らないおばちゃんに抱かれて大泣き。これは、大人がやってあげること。

何か考えている。この後で抱かれたおばちゃんと仲良しになった。昔はこうして親戚の人を知った。

桜の花が咲いた時、枝を折って来るとこう言われたものです。

ゆかばゆきゃんせ　だれぁ足止める
帰る姿も　見たくない

止めても遊びに行こうとする子に大人がからかって唱えました。

盆の十六日　正月から待づだ（待った）
待づだ十六日　今夜かぎり

大人たちは、お盆がくるとこうした言葉を、口づさみ唄のように唱えていました。子どもたちは、それを真似て唱えて遊んだものでした。昔も、節をつけないで自分を慰める言葉として唱えたそうです。

ハアー
頭のでっけぇ（大きい）奴ぁ　物おべ（覚え）上手だ
まなぐ（眼）の　でっけぇ奴ぁ　物たね（物捜し）上手だ
足のでっけぇ奴ぁ　味噌踏み上手だ

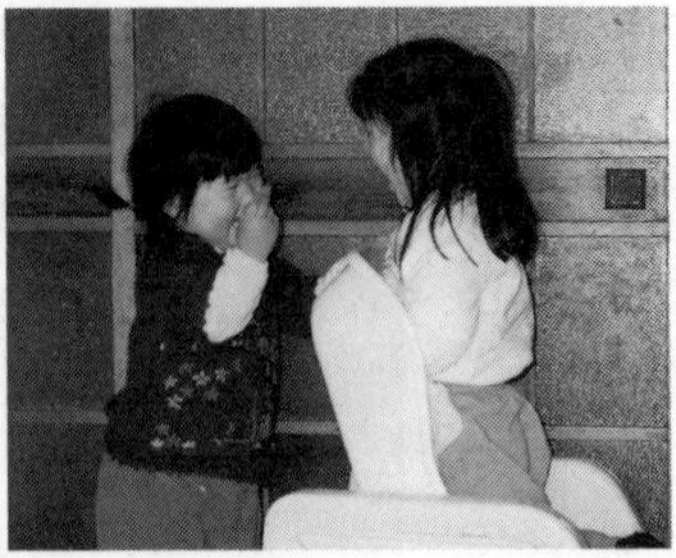

幼い子の内緒話。話をすることの楽しさを身につけさせる。

ハアー
舌のなげぇ（長い）奴ぁ　物とり上手だ
きゃな（腕）のなげぇ奴ぁ　雑魚とり上手だ
すねのなげぇ奴ぁ　川こぎ上手だ

「頭のでっかい奴は　物覚えがいい」「目のでっかい奴は　もの捜しがうまい」「足の大きい奴は　味噌踏み（味噌にする煮大豆を踏み潰すこと）がうまい」「舌の長い奴は舌の先で目に入ったゴミをとるのがうまい」「腕の長い奴は手探りで雑魚を捕るのがうまい」「脚の長い奴は川をこぐのがうまい」という意。

一行一行を、例え言葉としても使いましたので、わたしたちは言葉をかみしめながら、唱えて遊ぶのが面白かったものでした。

大人たちは、津軽の小原節に似た節回しで、唄としてうたったりもしました。

遠野南部の殿様は八戸の殿様だったので、唄の節が津軽の小原節に似ているのだということでした。

「大人と同じにうたえるようになれば、民謡を歌ってもいいんだと」と言われていましたが、節回しが難しくてなかなか歌えなかったも

姉は祭りの後で、見たこと聞いたことを妹に語って聞かせるのがたのしい。妹はそれを聞くのがたのしい。

のでした。

子どもたちは、こうしたいろんなうたを唱えて遊んでいるうちに、少しずつことわざを覚えたり、民謡としてうたわれた言葉を覚えたりしたのでした。

早口言葉として唱えて遊ぶ

諺でもない、民謡でもない、唱えるための言葉もありました。子どもは、そうした昔から言われているという面白い言葉を、早口言葉としてできるだけ早く唱えて遊んだものでした。

言えば　言ったと　言われるし
言わね　言わぬと　言われるし
言わずに　言ったと　言われるよりは
言って　言ったと　言われる方がいい

「言う」ということを「しゃべる」とも言います。

しゃべれば　しゃべったって　しゃべられるす

お兄ちゃんが大好き。何でも教えてくれる。お兄ちゃんの話は、大人と話す時とは違う魅力がある。

しゃべんねぇば　しゃべんねぇって　しゃべられるす
しゃべんねぇで　しゃべったって　しゃべられるより
しゃべって　しゃべったって　しゃべられるほぁえ

遠野では、「言えば」ということを「しゅえば」、「言った」を「しぇった」とも言います。

しゅえば　しぇったって　しゅわれるす
しゅわねぇば　しゅわねぇって　しゅわれるす
しゅわねぇで　しぇったって　しゅわれるより
しぇって　しぇったって　しゅわれるほぁえ

次の言葉も早口言葉として唱えて遊びました。

瓜売りが　瓜売りに来て瓜売れず
売る瓜売りは　かぶり売りなり
瓜売りが　瓜売りに来て瓜売れず
売り売り帰る　瓜売りの声

歌うたいが　歌うたいに来て
歌うたえ　歌うたえと　歌せめられて
歌うたいたいけれども
歌うたいたいだけ　歌いきれないから
歌をうたわぬ

月々に　月見る月は　多けれど
月見る月は　この月の月

坊主が　びょう風に
上手に　坊主の絵を　かいた

すもも　もも（桃）も　もも（桃）のうち

かもが米かみ　子がもが小米かみ
かもが小米かむ

隣の客は　よく柿食う客だ

早口言葉で「青巻紙　赤巻紙　黄巻紙」とか「東京都特許許可局」と唱える言葉もあった。

上から言っても下から言っても同じ言葉で「長崎屋の焼き魚」「確かに貸した」「かしこい子鹿」なども面白がって唱えて遊んだ。

努力のようなやり直しのできることもあるが、恥を感じる気持ちだけは自分から抜けたらもう戻ってこない。恥を感じる気持ちがなくなると自分が見えなくなるからどこまでも墜ちてゆく。

だから、恥を感じる気持ちは一生なくさないように生きろと昔の人たちは教えた。

このごろは赤ちゃんの時から「自由にのびのびと」といって育てられている子どもたちがいる。子どもは自分の力で人の生き方をどれだけ分かるのか。それよりは生き方を身につけてもらってから、自由にのびのびと生きてほしい。

隣の竹やぶに　竹立て掛けたか

生麦　生米　生たまご

冬、外で遊べない日は友達と互いに知っている限りのわらべ唄をうたって遊んだものでしたが、そうした唄をみんなうたってしまうと、こうした言葉も早口言葉として唱えて遊んだものでした。

そばで、隣家のおばあさんが聞いていてうまく唱えるとほめてくれましたから、本気になって唱えたものでした。同じ言葉を何度も唱えていると、だんだんうまく唱えられるようになったものです。

心を通して伝える

こうして人から人へと、口伝えに伝えられてきた言葉は、わたしたちの先祖の心をとおって伝えられて来た言葉です。わたしたちは先祖の歩いた道を歩いているのですから、先祖がのこしてくれた言葉と同じことを感じるのは当たり前のことです。

どんなに時代が変わっても、人はその年がくれば、先祖の人たちがのこしてくれた言葉と、同じことを感じるものだと言われていました。

「感じないのは世の中が新しくなったからではない。自分がその年になっても、その年のことを感じる力をもっていないということなんだ。人の道を迷わずに生きるには、その年なりに、先祖がのこしてくれた言葉を分かるように生きることなんだ」

とわたしの周りのお年よりたちは、いつも口癖のように言っていたものでした。

第七章　言葉は知恵を育てる

誰でも生まれてはじめて母の声を聞き、育ちながら周りの人たちの言葉を聞き、大人になります。周りの人たちの言葉には、一人ひとりの言葉にそれぞれの命があり、そうした言葉から先祖の言葉を感じます。言葉は先祖が使い、わたしたちが使い、子や孫たちに引き継がれます。でも、年々言葉が消えていきます。置き去りにされてしまった言葉にも、先祖の心が伝えられていた筈なのに、消えてしまった言葉はもう何も語りません。先祖の命を無駄にしないように、わたしたちの命も無駄にならないように、伝えられている言葉で語り合って生きていきたいものです。

花には匂いがあると教えられているので、ひとりで花の匂いをかいでいる。
一歳二ヵ月

子どもは大人の真似をしてものを覚える

大人が、赤ちゃんの見ている前で花を折って持たせたり、赤ちゃんの見ている前で花を切って花瓶にさしたりすると、赤ちゃんはさっそく大事にしている花だろうが、まだまだ咲きそうもないつぼみだろうがとってきます。大人は咲いている花の中からこれだけと思って切っても、赤ちゃんにはそんなことは分からない。大人の真似をしているだけなのです。

同じように、子どもは何でも大人の真似をしてものを覚ます。だから子どもの前では、子どもが真似をしたら危ないこと、悪い癖がつくことは絶対にやらないことです。

それとは反対に、真似てほしいこと、例えば挨拶をするとか、食事の時の作法といった一生続けることは、大人が繰り返しやって見せることで、子どもは身につけることができます

子どもに相談をする

子どもを育てる時、子どもに相談することが大事です。小さい子は小さい子なりのことを考えますし、子どもは育つに従って年齢にあったことを考えて教えてくれます。

「どうしたらいいのかな」ではなく、「あなたはどう思う」と智恵を

子どもに相談をする癖をつけると、考えてものをやる子に育つ。

子どもと相談をして考えさせながらやるとやる気が育つ。

命令すると子どもは反発するし、耳をふさぐ。

相談しながらやると、話のわかる子になる。

子どもと話をいっぱいして話の分かる子に育てる。

借りるのです。子どもは本気で考えますから、なかなかいいことを教えてくれます。こうしたことは子どもにとって、大人のことを知ることであり、会話にもなりますから、自然に話したくなる癖がつきます。

現在は、子どもが大人の考えを聞くという場があまりなくて、保育園や幼稚園など子どもの集団の生活ですから、大人と話をすることが大事です。また、子どもは自分の思うことを素直に言葉に出せない。だから子どもと相談をすることは、子どもが自分の考えを言う練習にもなります。

子どもと相談することで、子どもの心の育ちも知ることができます。小さいうちは子どもの考えを聞いて、「そうね。それはいい考えだね」と賛成してから、「こうもできるね」と自分の考えをいいます。子どもは、「それもいいな」と思う。結局は大人の考えで決めることになりますが、子どもは賛成してもらったことで、自分の考えも入れてもらったと思うことができます。

そうやって五歳でも相談できるし、十歳でも相談できるし、高校生になっても相談ができます。そうなればもう、子どもの方がいい考えが浮かぶようになりますから対等に話せます。

昔は自然からやる気を起こしてもらって、感覚とか感情を育てる子どもは、叱ってばかりいてはいじける。なんで叱られたのか子どもに分からせなければならない。

何が恥か教えて、恥を感じさせて、やらせないようにすれば、恥を感じることで叱られた訳も分かるし、自分で恥ずかしいからそれをやるのは嫌だなあと感じて止めることができる。感じることで子どもはのびる。


ことができましたが、今は自然を当てにしても、子どもは家と園を行ったり来たりしてくらしていますから、自然からやる気を起こしてもらうということは難しくなりました。

だから、大人が子どもに相談をして考える癖をつけてやることで、ものを考える子に育てれば、自然にやる気も育ちます。また、親と相談する癖がつくと、子どもは、大人になり親と離れて暮らすようになっても、親を案じて便りをくれます。

「いつまでたっても親は子どもを案じ、子どもは親を慕うものだから、そうやって生きていけば、やがて子どもは年とった時に、親の有り難さを知ることができる。《孝行したいときに親はなし》というが孝行は親が生きてるうちにやるものだ」とお年寄りたちは言っていたものでした。

子どもを、すべて宿題を教えるように命令で育てると、子どもは言われたことだけをやり、やがて親を越え、うるさい親から離れていきます。親離れ、子離れは必要ですが、親を見捨てるような親離れではなく、いつまでも親子が相談しあえるような親離れ子離れでありたいものです。

恥を感じることができなかったらいくら我慢、努力、勇気といったものを身につけても自分の恥に引き落とされて役には立たない。
その人のすべてを見てその人を評価するのだから、恥とはどういうことかよく分かって自分を落とさないようにやっていかなければならない。
そのために赤ちゃんのときから恥ずかしさを感じさせて育てる。

独りぼっちは恥ずかしい

この間、孫にいきなり、「どんなことを恥ずかしいと思う?」と聞いてみました。すると十一歳になる孫がちょっと考えてから、「広いところに、ぽつんと、たった一人で立っている子。あんなの見ると恥ずかしいと思う」と言ったのです。「どうして?」と聞くと、「分からない。でも、ああいうのは恥ずかしいと思う」と言っていました。

わたしが子どもの頃も、みんなにまざれないで一人遊びをする子がたまにいました。そうやって一人遊びをすることは、恥ずかしいことだと言われていましたから、そういう子を見るとみんなで、「あのがぎ（餓鬼）ぁ　どごのがぎぃ…」とはやしたてたものでした。そうやってはやしたてていると、みんなとまざって遊べばはやされないということが、はやされた子に自然にわかって、一緒に遊ぶようになったものです。

今の子どもたちは、一人遊びをすることを恥ずかしいと思っていないように見えます。また、みんなで遊んでいても嫌になれば勝手に遊びから抜けるし、抜けられた方も止めようとはしません。

わたしたちは、遊びの途中で抜けるようなことは絶対にしませんでした。それが遊ぶ時にお互いに守るべきことであり、守れないこ子どもは、やってはいけないことをやった時にも、失敗をした時にも、泣いた時にも、恥ずかしいと感じさせて育てる。

「だめっ」といって叱って育てると、小さいうちはやらないが、大きくなると叱られることが恐くなくなる。だから「恥ずかしいからやらない」と自分でとめるように育てる。そのためには、笑われたくない、負けたくないという気持ちをしっかり育てることが大事。

とは恥ずかしいことだと思っていました。

大人になれば、守らなければならないことがたくさんあります。人にいちいち教えられて守るのではなく、自分で分かって守らなければならないことがたくさんあるのです。だから、子どもの時に遊びを通してそうしたことを身につけさせ、大人になったら、やろうと思わなくても体が自然にやってくれるように育てるのが、子どもを育てるということだったのです。

遊ぶことは学ぶこと

子どもにとって遊ぶことは、大人になった時に役に立つ大事なことを身につけることです。子どもたちにも遊ぶ時のルールがあります。子どもは自由にのびのびと育てる方がいいといって、好き勝手に遊ばせて育てると、子どもはルールを守ることを嫌います。そういう子は、遊びの時の鬼になったり、遊びにあきると、あっさり遊びを捨ててしまいます。みんなと遊ぶことは決まりを守ることですが、今風にのびのびと育つと自分中心で、相手のことを思いやるという体験がないから、自分が抜けたら遊びが壊れるということに気づくことができないのです。また、途中で遊びを抜けるような好き勝手なことをする子を、ほかの子たちが咎めると、大人は意地悪を悪いことをしたから悪い子とは限らない。悪い子に引きずられて悪いことをしてしまうこともある。

　だが、そういう子は意志のない子。してはいけないことは自分の力でとめてやらないように育てるのが親。そういう子どもに育っていないのは親の責任。

　後で大恥をかくよりは、赤ちゃんの時から恥を教えて、恥になることはやらないという強い意志をもった子どもに育てれば、親も子も笑われることはない。


するなと叱ります。こうした大人のおせっかいと、遊びのルールを守らない子に、ほかの子たちの遊びが壊されています。

　みんなは、度々その子のために遊びが壊されると、その子を仲間に入れるのを嫌います。それがいじめにつながっていくこともあるのです。だから、いじめる子たちだけが悪いのではない。いじめたくなるようなことをする子も悪いのです。

　いじめは子どもの世界だけにあるものではない。大人になってもあるのですから、子どもの将来を考えて育てることが大事です。子どもが遊びのルールを守って遊ぶことは、大人になった時、社会のルールを守ることを身につけることです。子どもの幸せを思って自由にのびのびと育てたつもりでも、みんなと一緒に遊べないということは、人から学ぶ力が身につかないということです。

　そのまま育つと、社会のルールを守れないわがままな大人になったりします。みんなと同じに育ててもらっていたら、鬼遊びでもじゃんけん遊びでもちゃんとできたに違いない子が、みんなと一緒に遊べない。だから、我慢、努力、勇気を出すことが身につかない。

　小さい時の育ちが性格に影響するのをよく見ました。もっと手をかけて育てたら、あんなではなかったろうにと気の毒になります。子どもは自分の育てられ方を選べないのです。いくら時代が新しくほめられることと、おだてられることは違う。おだてられることはバカにされること。だから子どもをバカほめはしない。
やったことを見てすぐこれは良いことだといってほめる。叱ることは教えること。だから子どもの目を見てしっかりととめる。
子どもが怖がって下を向いて聞くようでは教えたことにはならない。

なったからといっても、人の気持ちは変わらないのですから、親は、子どもが大人になった時に、自分の育てられ方を有り難いと思ってくれるように、流行に流されたり、個性を大事にし過ぎたりしないように、真面目に考えて育てるべきだと思います。

人を知ることは自分を知ること

人は人の群れの中で生きていかなければなりません。人を知らなければ、自分はちゃんとしているつもりでも、みんなと合わなくて独り者になってしまったりします。人は必ず誰かの世話になって自分を育てていきます。子どもの時は、他の子どもと遊んで身につけなければならないことがいっぱいあるし、大人に教えられて記憶しておかなければならないこともいっぱいあります。こうしたことは、独りぼっちではできないことであり、学問からも得られることではないのです。

「まだ何も知らない幼い子に、好き勝手な真似をさせるのは、野っ放しと同じだ。けものだって幼いうちに生きていくことを教えるもんだ。まして人間は小さいときのしつけが大事だ」とお年よりたちはいつも口癖のように言っていました。また、「百獣の王と言われるライオンだって、わが子を千尋の谷さ突き落として、上がって来子どもは、自分がなついている人の言葉には耳を傾けるから、大人は、子どもをなつかせることが大事。

現代の子はあまり触ったり、触られたりして育っていないから触られることをいやがるというが、何かの拍子に抱きしめてほめてあげれば、一回でなれて触ってくれた人になつき、心をひらく。

心をひらけば、自然に話を聞く子になる。


た子を俺の子だっていうんだと」という言葉もよく聞きました。

小さいうちは、人間らしく生きるための土台になることを、きちんと身につけてやって、後は子どもの自由にやらせるというのがこれまでの子どもの育て方です。こうした育て方をすると、子どもは迷うことなく進めるし、世の中も乱れないというのが、これまでの人たちの考え方だったのです。

ほめられてよいことがわかり、叱られて悪いことがわかる

小さい子のおまじないの唄に、「めんこ　めんこ　めんこ」と繰り返しうたって頭をなでてやる唄があります。この唄は、おりこうさんになるおまじないです。また、よいことをした時、「おりこうさんになったね」という言葉のごほうびにもなります。

「めんこめんこ」をしてもらうのは、おりこうさんになったことを認めてもらったしるしでもあります。子どもは認めてもらいたいから、「めんこめんこ」をしてもらうことをとても喜ぶものです。

子どもは、ほめられるともっともっとほめられたいと背伸びをするからよい子になります。だから遊んでいる時でも、「ああ、いいことしてるね。うまいね」と今やっているところをたくさんほめるようにします。

叱られながら物を覚えるのも、ほめられながら物を覚えるのも教えられること。

叱られることを気にしてびくびくしながら覚えるよりもほめられながらものを覚える方が覚えやすい。

子どもは上手にほめて、やる気を起こさせる。やる気を起こしてあげればどんどん伸びる。

「さっき、よいことをしてたね」なんて言ったって、子どもには何のことか分からない。やっている時に、「これは、とってもいいことなんだよ。やれるんだあ。おりこうさんだね」というように、ちょっとでもいいことをしたら大袈裟にほめて、「こういうことが、よいことなんだ」ということを子どもに気づかせることが大事です。

せっかく子どもがほめられたいと思ってよいことをしても、大人が気づいてくれなければ効果がありません。ほめられたということは、自分を認めてもらったということです。

認めてもらって良いことをしたということが自分で分かるのです。子どもには良いこと、悪いことの区別がよく分かりません。ほめられたことで良いことが分かり、叱られたことで悪いことが分かって、やっては駄目なことはやらないようになるのです。

いたずらっ子はほめれば変わる

子どもには、ほめようがないくらいいたずらばかりする子もいるものです。けれどもそれは、大人の目から見て思うのであって、よく言えば、そういう子はやる気をいっぱいもっている子なのです。

だからそういう子には、ほかの子にくらべたらほめるほどのことではなくても、その子がいつもよりよいことをしたら、小さい子は気持ちが揺れ動くから、すねたり、怒ったり、はしゃいだり、自分の気持ちに振り回される。大人はそうした子に振り回される。だから、子どもが愛されていると感じることができるようにしてやれば、子どもは気持ちが落ち着くから育てやすい。

愛されている子は、失敗しても見守られている安心感があるからまた挑戦する。大人を恐れている子は、失敗を恐れて動けない。大人はいつも子どもの動作を見て、自分の育て方を振り返ることだ。

「やれるんだあ　おりこうさんになったね」とやさしくほめてあげて、「こうやればほめられるんだな」ということを気づかせてやることです。

いたずらっ子は、大人の気を引きたくて、わざといたずらをするものです。叱られても声をかけられるのがうれしいのです。だから、小さい子には、叱るのではなく、ほめてあげて、しっかり抱きしめてあげて、よいことをしたことを認めてやるようにすれば、「また、ほめられたい」と思ってよいことをします。叱られてばかりいる子にとって、ほめられることはとても新鮮なことです。「こういうことがほめらることなんだ」と分かれば、気持ちが安定します。

いたずらっ子は、やる気をいっぱいもっていますから、ほめ方しだいで見違えるほど良い子になるものです。

おとなしい子、おりこうさんな子には動くことを教える

大勢でわあわあ騒いで遊んでいる時にも、ぽつんと立っている子がいるものです。そういう動きのない子は、おとなしいと言われたりしますが、本当におとなしいのか、意気地がないのか、感じているのかいないのか分からない。だからそういう子には、何か刺激を与えて動くことを教え、感じる力をつけてやることです。体に触っ

てあげて、やさしく言葉を掛けてあげて、相手を感じさせ、人になつかせることが大事です。

相手を感じて人になつくようになれば、子どもは「この人によく思われたい」とか「わたしにもそうやってほしい」と心が動き出すから、自然に友だちを見つけて遊ぶようになるものです。

小さい子は、動き回るうちには叱られることもやりますが、叱られることは、やってはいけないことを教えられることです。やって、叱られて、「これはやってはいけないことだ」と体験を通して覚えていくのです。

でも、おりこうさんは叱られることをしないから、あまり声をかけてもらえないし、体験することもない。だから大人は、聞き分けのよい子は、声をかけてもらうのを待っている子だと思わなければなりません。悪たれっ子は、自分に気を向けてほしいし、声を掛けてほしから、わざと騒ぎ回ったり、いたずらをしたりするものですが、よく言えばそれは悪たれっ子の知恵です。

けれども、おりこうさんはそうしたことをしないから、声を掛けてやらないとかわいそうです。良い子もほめて育てることが大事です。良い子も声をかけてもらうのを待っていると思って、やさしく声をかけてやることが大事です。


真似るということは人にとって大事なこと。人は何でも人の真似をしてものを覚える。

人のやっていることを見て覚えるのが覚えやすいし、身につきやすい。

真似る時は見て、聞いて、考えて、相手の動作を真似る。

いきなり頭を育てると真似ることが身につかない。毎日の繰り返しのなかで身につけることができなくなる。

遊びにも年がある。赤ちゃんの頃は人になるもとを身につけてもらう。
幼い頃はみんなと遊んで人を知り決まりを守ることを身につける。
少し大きくなったら人の気持ちも分かるようにならなければならないし、いろんなことを感じる力も身につけなければならない。
だからいつまでも一人遊びをするのはよくない。

身につけることが先

昔はほったらかしでも子どもは育ちました。大きい子も小さい子も一緒になって跳ね回って遊べば、おなかがすくし、食べるものが無いから野山を駆け回って自然のものをとって食べる。そうやって遊ぶ中で身につけることがたくさんありました。

けれども、現在は食べるものも満足しているから採りに行きたいとも思わない。機械で遊んで友達ももたない。自然から学ぶ、友達から学ぶということもなくなり、ただただ、体だけが大きくなっていくのです。それではほったらかしよりまだひどい。

子どもはいろんなことを身につけて育っていくものです。身につけるということは、頭で覚える事とは違います。体験を重ねて体で覚えて、自分でやろうと意識しなくても、自分の体や気持ちがその場に合ったことを自然にやってくれるということです。

こうしたことは、生きてゆく時にとても大事なことなのです。だから大人は、動きの少ない子や、ぼやっと突っ立っている子には、わざと用を言いつけたり、「遊べ」「遊べ」とうるさくいって外に出して遊ばせたものでした。

現在の小さい子たちは、家から園へと運ばれ、大人に見てもらって育っていますから、自分で自由に外に出て遊ぶことはできません。

子どもは叱られてばかりいると心を閉ざしてしまう。小さい子は叱られると怖いから我慢をするが、それは通り抜けるのを待つための我慢。

だから、子どもを叱る時はなぜ叱られたのかを子どもに分からせて、よくなるための我慢をさせるようにしなければならない。

よくなるための我慢をいっぱいさせて、我慢をしたら強くなった、おりこうさんになったといっぱいほめてあげて、子どもに我慢をすればよくなるという楽しさを分からせる。

だから大人は、動くことを教えなければなりません。

「ああ、重い重い。そっち持ってちょうだい」とか、

「それをとってちょうだい」というように言って、手伝わせるようにすれば、動かざるを得ないから自然に動く子になるし、手伝って貰ったら、うんとほめてあげて、

「ありがとう」

と必ずお礼を言います。そうすれば、子どもはうれしいから、もっとやりたいという気持ちになるのです。子どもはそうやって、ほめられて、感謝をされて、またやって、ほめられて、感謝をされて、と繰りかえし続けているうちに、

「ありがとう」

と大人に感謝をされることが好きになり、自然に手伝うことを喜ぶようになるものです。

「わらす（童）と年寄りは、人のことをしたがる」という諺がありますが、そのとおりで、子どもは人のことをやりたがるものです。自分でも人の役に立ったと思いたいし、ほめられることが嬉しいからなのだと思います。

子どもに、誰かのために役に立つことはうれしいということを気づかせれば、やって、ほめられて、またやってと、繰り返しながら

このごろの子どもたちから臭いの言葉が消えてゆく。感触の言葉が消えてゆく。味の言葉も消えてゆく。

子どもに感じとる力がないから言わないのか。体験がないから言わないのか。

子どもは、言い表す言葉を教えられなければ、言わないということを、大人は気づいていない。

言葉は使わなければ消えてしまうということも、消えてしまった言葉はもう二度と取り戻せないということも大人は気づいていない。

人になれ、誰とでも話せるようになるものです。また、やってあげたときの気持ちとか、感謝をされた時の気持ちなども体験して分かっていきます。

子どもは動かなかったら、自分の気持ちも、相手の気持ちも、知ることはできないのです。

悪いことをやらせて叱る

幼い頃は、生きていく土台になることを身につける大事な時です。人はいろんな力をもって生まれてきます。誰でも持って生まれて来るのですが、それを揺り動かして育ててやらなければ働いてくれません。必要な時に働きだすと言う訳にはいかない。赤ちゃんの時から大事に大事に育てて、大人になってから役立つのです。

我慢、努力、勇気といったものも赤ちゃんの時から育てて、大人になってから役立つのです。五感もそうです。けれども、現在の子育ては、見る、聞く、嗅ぐ、触る、味わう、といった五感を半分隠した育て方をしています。

人間がもっている感覚とか感情を育てるために必要な力を、子どもたちから遠ざけています。汚い言葉は言わせない。聞かせない。嫌な匂いは科学のにおいで消してしまい、自然のものを自然のもの人は恥になることさえやらなければ迷うことなく生きていける。

わたしはそんな恥になることは絶対していないと思ったら、誰に何と言われようと、くよくよしたり、おろおろしたり、よけいなことを考えることはない。

それが自信にもつながる。自信をもって生きてゆくには自分を信じること。恥になることはやらないこと。

それを守って生きればいい。


として受け止める力を子どもから奪っています。

子どもは動物や植物に触って遊んで、生きているものの命を感じ、やさしさ、いたわりといった人間に向かう時と同じ感情を育ててゆくものなのに、このごろの子どもたちは、動物や植物に触れないで育っている子が多いようです。

食べ物にしても、現在の子どもたちは、与えられたものだけを食べています。食べさせられる物をおいしいと思って育っているから、木の実などには見向きもしません。どの子も「おいしくないから食べない」と言います。けれども、子どもは、自分で自然から貰って食べるということを教えられて育っていないから、そう言うのだと思います。

自然の物を採って食べることは、「味わう」ということです。わたしが子どもの頃は、自分で野山を歩きまわって、すかんぽ、グミ、桑の実、木苺とそれぞれの季節のおいしい物を探して食べたものでした。やっと見つけて、それを口にした時の「味」はもう最高だったものでした。

子どもは食べさせられる物だけを食べて、自分では何もできなければ、自然の物の味を知らないのは当たり前のことです。けれどもそれでは、自然の恵みの有り難さも分からない大人になります。自現代の子育ては、汚いものは見せない、いやなことは聞かせない、いやな思いもさせない。
だが社会に出れば汚いものも見せられる。いやなことも聞かされる。いやな思いもさせられる。泣かされることもある。
昔は子どもに汚いものを見せ、いやなことも聞かせ、いやな思いもさせ、泣いたらはやしたてて我慢をすることを身につけさせた。

然の恵みの有り難さを知ることができないということは、自分の命を守ってくれている自然の恵みに、感謝をする気持ちが育たないということです。自然の恵みに感謝をすることを知らない人は、人にも感謝をすることを知らない人です。

現在は、大人も子どもも、栄養のあるおいしいものを食べることを大事にしているようですが、「味わう」ということは、食事だけではなく、自然の恵みにも、人にも、自分にも、感謝をしながら、一日一日を生きていくことを感じとることだと思います。

やらせて、叱って、やっては駄目なことをわからせる

子どもによいことだけをやらせていたら、悪いことが分からないし、よいことも分からない。また、絶対にやってはいけないこと、知っておかなければならないことを、子どもが偶然やるのを待っていたら、教える時期を逃してしまいます。だから昔は、遊びとして教えてやらせて、「それは、やったら駄目なことなんだよ」と叱ってわからせたのでした。

例えば、子どもに命について教える時には、人間からは教えられることができませんから、自然の力を借りて子どもに教えたのでした。

子どもは動かないとものを覚えられない。

じっとしていたら感覚も感情も育たない。

動かなければ何も身につけることはできない。

子どもは野山をはねまわっていろんなことを体験して伸びていくものだ。


子どもの頃、秋になるとトンボ捕りの遊びをしたものです。トンボに向かって人差し指を立ててくるくるとまわしながら、

「あけず　あけず　宿けっから　とまぁれ　泊まれ（止まれ）」

とうたうと、トンボはすいと指先にとまりました。そしたら、ぱっと親指を寄せると、トンボの足を押さえることができました。捕ったトンボは両方の羽を半分ちぎって箱に入れ、「牧場の馬っこ」だと言って遊びました。すると、隣家のおばあさんに、「羽を切られたら飛べないから、死んだも同じなんだ」と言って叱られました。

それなら飛ばそうというので、今度はトンボのしっぽに長い糸を結んで飛ばすと、「自由に飛べないということは、死んだも同じなんだ」とまた叱られました。

だったら自由に飛ばそうというので、草の穂についている実はごいて軽くし、トンボのしっぽに茎を差し込み、「それ飛べっ」といってグライダーのように飛ばすと、「なんたら悪りごどするわらすどだべ（何と悪いことをする童たちだろう）。ああ、やれやれ、トンボは背中さ観音様を背負って生まれてきてるんだずから、そういう悪いことをするわらすは、観音様に祟られるんだから。おらは知らねぇからやれやれ」と隣家のおばあさんに脅かされました。

友だちと一緒のときはそう言われても、「そんなことないんだよ

人は人のやっていることを見て、聞いて、真似て、ものを覚えていく。
良いことも、悪いことも、身につくから、真似る時には、よく考えて、よいことを真似ること。

なあ。脅かしなんだ」と強がっているのですが、気になって、一人になった時、トンボを捕まえて背中を見ると、大きなトンボにも小さいトンボにも背中に観音様のお姿があるので、自分のやったことかとても怖かったものでした。

それでも、トンボが小川とか池の辺りをつながって飛ぶころになると、またトンボを捕まえて、今度はトンボの羽を痛めないようにそおっとたたんで、

「粟ぼっこ産ぁせ　粟ぼっこ産ぁせ……」

と五分ぐらい辛抱強くうたって、手のひらに卵を生ませて遊びました。卵を産んだトンボは飛ばしてやり、「ほら、おばあさん、トンボのたまご」と言って、辛抱強くうたい続けてやっと生ませたことが自慢で隣家のおばあさんに見せると、「トンボは子孫を残すために生まれてきたのに、卵をとられたらあのトンボの一生は無駄だったんだぞ」といってまた叱られました。

こうした遊びは、どの遊びも昔から伝わっている遊びです。だから唄も遊び方もあり、小さい時は教えられてやったのでした。ところが、大きくなってからやると、叱られたり、おどかされたりしたのでした。遊びを教えてやらせて、それは悪いことと叱って教えたのです。また、「悪いことだからやってはいけない」と叱るだけで

子どもは、純粋だから本音で行動する。

子どもは、失敗をしながらよいことをしようと努力をする。

そうやって子どもは自分を育てる。大人はそれを助けてやるのが役目だ。

はなく、「なぜやってはいけないのか」ということも、子どもが実際にやって分かるように教えたのでした。

トンボの羽を切るとか、トンボのしっぽに糸を結んで飛ばすとかトンボの体を傷つけるという遊びからは、生まれたままの姿で生きられないということは、本当に生きたことにはならない、死んだも同じだと教えられました。

トンボのしっぽに糸を結んで飛ばした遊びをした時には、「遠野の殿様もそうやって、鷹の足に太い糸を結んで飛ばして、その鷹を弓矢で射る稽古をしたんだと」といって遠野の歴史も教えられました。わたしが生まれ育ち現在も暮らしております所は高場と言いますが、昔、殿様がここの一番高い木のてっぺんに、足に太い糸を結んだ鷹をつないで逃げないようにして飛ばし、鷹を射る稽古をしたところなので鷹場と言ったと言われていました。

トンボのしっぽに糸を結んで飛ばす遊びは、そうした殿様のやり方を風刺した遊びであり、わたしたちの先祖は「自分たちもトンボや鷹と同じで、足に糸を結んで飛ばされているようなものだ」ということをこうしたトンボの遊びを通して言っているということでした。

トンボの卵を手に生ませる遊びからは、「生きているものは、人現在は悪いことだからやめなさいとも、恥ずかしいことだからやめなさいとも言わないで、恥ずかしいことを平気でやらせている若いお母さんがいる。

これは恥ずかしいことだからやらないと自分でやめることで人はちょっと伸びる。恥ずかしさを感じない人には伸びがない。

恥ずかしいということは、自分のやったことを人に笑われたり、叱られたり、注意されたりすること。

間を含めて、動物も植物もみんな子孫を残し、生まれてきた果たしをして死んでゆく。これが命というものなんだ」ということを教えられました。

こうしたことは、小さいときには遊びとして教えられてやり、すこし大きくなってからは、叱られながらトンボを捕って遊び、トンボの命を犠牲にして、命というものとか先祖にたいする思いなどを感じさせて分からせてもらったことでした。

子どもにはどこまでがやってよいことなのか、やったら駄目なことなのか分かりません。だから知りたいのです。知りたいから悪いと感じながらもやって見たくなるのです。

それが、いたずらに見えたり悪たれに見えたりしますが、それをよくわかってやろうとしないで、だだ、止めることは、子どもが知ろうとすることを邪魔していることになります。

子どもは、遊んで、感じて、分かることが大事です。人間は悪いことをやりたい気持、悪いことを言いたい気持ももっています。だから、子どもにそうした気持を遊びの中で思いっきり出させて、「そういうことは悪いことなんだ」ときびしく叱って教えるというのが、昔から伝えられている子どもの育て方です。

恥を知らないと平気で何でも出来るから楽しい。

だが、やがてなんだかんだと言われることが気になる年がくる。

そうすると動けなくなるから、下を向いて人ともろくに話をしないで、陰気臭い人になる。それでは生きたとは言えない。

人は誰でも、恥を知って恥になることをやらないでいれば顔をあげて生きていける。

大人の恥

大人になっても失敗をします。人は失敗して、こりてものを覚えていきます。だから失敗を恐れることはないのですが、失敗することは恥をかくことです。失敗ばかりして、恥ばかりかいていたのでは伸びられません。だから、一度の恥は誰でもやるし許されるが、二度、三度と同じ恥をかくことは、人に笑われる恥ずかしいことだということをよく分かって、恥をかかないように生きることが大事です。そのために、何が恥になることかということを親が子どもの身につけてやる。それがしつけです。

恥になることはやらないということを、子どもが自然に身につけるということはできません。親にうるさく言われて、そういう気持ちになり、何が恥なのかということを分かって、恥になることはやらない人になるのです。

こうしたことはいちいち考えてやるものではありません。身について、考えなくても体が恥になることはやらない。そういう人になるためには、小さいうちは、恥になることをしたらとめられてだんだんやらなくなる。そういうふうに自分を育ててもらうのです。恥になることはやらないことが身につけば、いちいち考えなくても体がやってくれますから、自分を守ることができます。また、自分を

「え（家）ではだけることぁとう（外）でもはだける（家でやることはよそでもやる）」という諺がある。
好き勝手なことをして暮らしていると、外でもなんの気なしに同じことをやるものだということ。
親が家で恥なことをしていると、子どもは真似てやり、外でもやる。それは親の恥。

のばすこともできます。親はそのことをよく分かって、まず、頭でものを覚えさせるよりも先に、何が恥じなのかということ、何がやってよいことなのか悪いことなのかといった善悪の判断を、子どもが身につけられるようにしてやることです。

子どもだから無作法なことをしても、許されるというものではありません。人としてやってはいけないことを、子どもに教えていないということは親の恥なのです。

親が恥ずかしいことを子どもにやらせて気づかなかったり、気づいても人前で自分の子どもに注意するのは格好が悪いと、気がつかない振りをしてしまうのは、子どもにとってマイナスです。教えて育てるのは誰でもない、親なのです。親が気づかなかったり、逃げてしまったら子どもは育つことができません。子どもが、やってはいけないことを教えられないで、それを繰り返していると、やってはいけないことも当たり前になってしまい、そういう気持ちの大人になります。

他人の迷惑を考えないで、自分の子どもが何をしようと止めようともしないと、止めない親が笑われますが、その子も利口には見えないものです。

小さい時にバカをやった子のことを、人はよく覚えているもの。

独り（独身）の時は、恥を恥とも思わないでやっているといつのまにか自分がさがる。

親は子どものためと思って恥を恥とも思わないでやっているといつのまにか自分ものびる。

その子が後で利口になっても、人の記憶からはその子がバカをやる子だったということは消えないから、子どもの将来のためにも、親は善悪の判断をはっきり持って、それを子どもに伝えてあげることが何よりも大事なことです。

はやされて自分がわかる

言葉は使いようで自分をのばしてくれます。守ってもくれます。相手を攻める武器にもなります。使いようで自分のマイナスになることもあります。

はやし唄は、相手の失敗や欠点を見つけてからかってうたいますから、どの唄もうたわれると恥ずかしくなる唄ばかりです。うたわれると怒りたくなります。けれども、からかわれて怒ったら負けです。失敗や欠点は誰にでもあるものです。失敗や欠点をはやされて自分の悪いところが分かるのです。

はやし唄は、実際にはやされて人に笑われ、どんなことが恥なのかということを知る唄です。どんなことが恥なのかということが分かれば、恥になることをしないから、相手の言葉が怖くなくなります。大人になれば表に出して言わなくなる言葉。そうした言葉が表す人間の心の反面を教えてくれたのがはやし唄です。

一つの目標に達すると次の目標が見えてくる。だから、また、その目標に向かってうまくいきますようにと念じながら努力をし、目標にたどり着いたらよくやったと自分に感謝をする。

この繰り返しを続けながら、少しずつ自分の大きな目標をめざして進む。

何もしないと何も見えない。何かをやれば次にやりたいことが見えてくる。

自分を導いてくれるのは、自分の心のなかの神さま。努力をするのは自分の力。

現在の子どもたちは、相手をからかったり、けなしたり、当てこすりをいったりする「はやし唄」の遊びをしなくなりました。「そんな汚い言葉を使ってはいけません」と大人にとめられて、子どもたちの遊びから「はやし唄」が消えたのです。確かに、汚い言葉を使うのはよくありません。けれども、使わなくても人は意地悪をしたり、怒ったりする嫌な心も持っています。人と仲良くやってゆくためには、そうした人の裏側の気持ちも知っていなければならないのです。

遊びだから楽しい

はやされて悔しくなるのも、腹が立つのも、泣きたくなるのも言葉のせいです。でも、はやされて泣くのは弱虫。はやされてもぼやっとしているのは笑い者。だからはやしたてられて、はやした相手が憎らしかったら、唄を使って憎らしいと言い、バカだと思ったらバカとすぐはやし返したのでした。それでも、それは唄であり、遊びだから許されて楽しくはやしあって遊んだのでした。

はやし唄は、これでもか、これでもかと相手に向かってはやし唄の言葉をぶつけて、相手が唄を返せなかったら勝ちという遊びです。じゃんけんに勝った時には、「ばんざあい」といった晴れ晴れした世間にでると、人を押しのけてでも競争に勝とうとする人たちがいっぱいいる。その時、自分を守るにも相手を攻めるにも武器になるのは言葉だとはやし唄は教えている。

気持ちになりますが、はやし唄で相手の欠点を見つけて言い負かして勝った時には、「まいったかぁ」と相手より優位にたった感じが強かったものです。

誰にでも、相手より優位に立ちたいという欲求はあるもの。それを率直に表してはやしあうのが、こうしたはやし唄です。どんなに汚い言葉ではやしたてられても、嫌な言葉ではやしたてられても、昔から伝わっているはやし唄の言葉であれば、「まいったー」といった感じで許せたのでした。

はやし唄は、はやされたら即座にぱっとはやし返さなければ負けです。はやされても、はやし返す言葉を知らなければ悔しかったり、腹がたったり、みじめだったりします。

だから、はやされたくない、負けたくないという気持ちが働いて、いろんな唄を覚えました。はやす言葉もはやし方も伝わっている通りにやるだけですが、はやしたり、はやされたりして遊んでいるうちに、言葉と気持ちは対のもので、嫌な言葉ではやされれば嫌な気持ちになると言うことが分かったり、短い言葉なのに相手が本気で怒ったり、人の持っている気持ちを見るのが面白かったものでした。こうしたことは言われたら言い返すと言った会話にも役立ちました。

遊ぶということは人や自然と向きあって遊ぶこと。人や自然からでないと教えてもらえないことがある。

小さい時は自然と遊んで五感を育て人と遊んで人を知ることが大事。

大人になっても、人や自然と遊ぶ。独り遊びや機械を相手に遊んでいると、年をとった時、人も自然も機械も相手をしてくれなくなる。

心の中ではやして勝つ

はやし唄には、相手をからかったり、けなしたり、欠点をついたりして、わざと怒らせて楽しむ遊びもあります。伝えられているそういう唄をうたいはやして遊びながら、相手がどう反応するかということを見ることができました。

人は人をいたわるやさしさを持っていますが、人の心を傷つける意地悪な心も持っています。子どもはそれを自分で気づくことが大事です。人は人と一緒に生きていくのですから、人に助けられます。でも、時には転ばされることもあるものです。だから人の気持ちを知ることが大事です。

人はやさしい心とそうでない心を持って生まれてきます。どの人もいい人ばかりとは限りません。妬んだり、恨んだり、裏切ったり、時には意地悪と気がつかないで意地悪をする人もいます。また、いい人だって虫の居所が悪ければ、悪い人と似たようなこともします。

子どもは、自分がはやしたてた言葉を相手の子どもが嫌うのを見たり、相手に嫌な言葉ではやされたりして、人間にはそうした嫌な気持ちもあるということをぼんやりと感じとったのでした。

相手をはやしたてたり相手にはやされたりして、実際に嫌な気持ちを体験して分かるから、だんだん相手に対して嫌な言葉は言わな

人は人よりちょっと先を行きながら、みんなと一緒に進みたいという気持ちをもっている。
そのためには勝ちたい、負けたくないという気持ちをもたなければならない。
勝ちたい、負けたくないという気持ちは、我慢、努力、勇気、といった生きていくときに大事な気持ちを育ててくれる。
人は、自分をつくりながら生きている。自分をつくるには諺が役に立つが、諺に従うにも我慢、努力、勇気が必要だ。

い、意地悪はしないと思うようになったのでした。

人の心は変わらない

子どもたちはこうした言葉遊びをするなかで、自分の気持ちや相手の気持ちの裏側を知ることができました。

人は人にやさしくする表側に向いた心と、ねたんだり恨んだり憎んだりする裏側の心を持っています。人は誰でも表と裏と二通りの心を持っているのです。そうした裏側にある心に負けたら人間らしく生きることはできません。だから裏側にある自分の心を良い方へ導くために、先人の智恵として諺というものがあるのだそうです。

遠野に伝えられているはやし唄や諺は、農民であるわたしたちの先祖が、実際に行いながら信じて伝えてきた言葉なので、伝えられているはやし唄の言葉や諺をとおして、わたしたちの先祖はどういう気持ちで生きて来たのかということを知ることができると言われていました。

「諺というものはな、読み書きを知らない昔の人たちが体験を通して分かった言葉で、俺たち子孫に生きる方法を教えている虎の巻のようなものなんだと」と隣家のおじいさんたちは口癖のように言っていたものでした。

人と人とが分かり合うために昔の人たちは言葉を大切にした。

　だが、現在の若い人たちには昔の人たちの心が伝えられていると言われていたはやし唄も諺もあまり通じなくなった。

　そして、「そういうことは古くさい」と言う。知ろうともしないで古いも新しいもない。知らないことを知ることはみんな新しいことなのだから。


人は、赤ちゃんの頃からいろんな体験をして大人になり、やがて年を取ると、どの人も、

「人は、とし（年齢）ぁ教えるって、その年（年齢）ぁ来ねえば、本当のことは分かるもんでねぇ」

と同じことを言います。

　誰でも年齢と共に心が育ってゆくものであり、いくら分かったつもりでも、その年が来なければ本当の事は分からない。七十歳の気持ちは、七十歳になって見なければ分からないということです。生まれていきなりお年寄りと同じ心は持てないから、いつまでたっても人間は同じようなことを繰り返すのだそうです。

　昔の人たちは、権力者に対して風刺の唄をうたい、諺を唱えたそうです。向かっては言えなくても、言葉として口に出して唱えることで、嫌なことを発散させることができたし、相手と対等にものを考えることができたということでした。こうしたことは、くじけない強い心を持ち続けるための生き方です。

　人は心の持ち方次第、ただ黙って我慢をするのではなくて、言葉には出さなくても、相手と対等にものを言える考えを持つことができれば、負けたことにはならないとはやし唄は教えています。

　鶏は仲間をおそれて逃げ廻る形の悪い鶏をみると、みんなでつつ

恥には人に笑われる恥と、一生を棒に振る恥とがある。どっちの恥も教えられていたらやらなかったのにと思う。だが、歩いた後には足跡が残り人生のやり直しはむずかしい。

だから、何が恥かということをよく分かって恥になることはやらない。

それが悔いなく生きるということ。

いていじめます。気障りだからつつくのかも知れませんが、弱いものをいじめるのは生き物の癖で、人も同じようなことをやったりします。権力者に治められた昔の農民はいじめられる鶏。いじめられないようにするにはどのようにしたらよいのかということを教えられていなければ、ただただ逃げ廻らなければなりません。ですから、つつかれたくなければ、つつきたくなるところを見せなければいいというので、こうした唄を教えたそうです。

はやし唄は相手の欠点や弱みをはやしたてる唄ですから、容赦なく相手の弱みを見つけてはやしたてました。はやしたてられて、人がつつきたくなる自分の弱みを教えてもらう唄でもあるのです。なかなか自分の欠点には気がつかないものですが、子どもは容赦なくはやしたてますから、はやしたてられることで、自分は怒りっぽいのか、意気地がないのか、泣き虫なのか、我が儘なのかといったことを知ったのでした。

そうした自分の欠点が分かれば、はやされないように気をつけます。はやされないように気をつけて遊んでいれば、自然に自分の欠点を直すことができたのでした。相手に自分の弱みを見せないように隠すのではなくて、子どものうちに子ども同士で教え合って、子どもに教えてもらって直したのです。

生まれてはじめて母の言葉を聞き、育ちながら周りの人達の言葉を聞き、大人になる。周りの人たちの言葉には一人ひとりの言葉にそれぞれの命があり、そうした言葉から先祖の心を感じる。言葉は先祖が使い、私たちが使い、子や孫たちに引き継がれる。

だが、年々言葉が消えて行く。置き去りにされた言葉にも先祖の心が伝えられていた筈なのに消えた言葉は何も語らない。

先祖の命は無駄だったのか。私たちの命も無駄になるのか。言葉が消えていくのはかなしい。

言葉は人と人とをつなぐもの

わたしたちは、「だめっ」といって叱られることや、失敗すること、泣くことや、お尻を出すことは、人に笑われることであり、恥だと教えられました。だからどんなことが恥なのかということを分かってやらないようにしたものでしたが、現在の若い人たちのなかには、路上にベッタリ座ったり、携帯電話を片手に、歩きながら空を仰いで笑ったりしゃべったりしても、恥ずかしいと感じない人たちがいるようです。仕事なら携帯電話は必要だと思いますが、周りに人がいるのに、機械片手に高々とおしゃべりをして何とも思わないのが不思議です。なかには、老人の独り言みたいに長々としゃべっているから心配事でもあるのかなと思えば、急に足をバタバタさせて、大股開いてのけぞって、まるで自分をなくした人みたいに高笑いをする。お金を費やし、時間を費やし、自分の若さを費やして、もったいないことをするものだと思います。

話をするということは、相手の声を聞くだけではなく、相手の目からも、動作からも、相手の気持ちをくみとって語り合うことなのです。向かい合って言葉を交わし合ったら、相手の目からも、顔の表情からも、動作からも、相手の気持ちが伝わってくるし、手と手を取り合うこともできるのです。

子どものうちにパソコンなどに向かわせてしまうと、子ども同士で向き合う時間を機械にとられてしまう。

年をとると不思議なもので子どもの頃のことをはっきりと思い出す。

かけ離れた人とメールをやったり、パソコンに夢中になっていると、年とってから思い出すのは機械と向かい合っている独りぼっちの自分。誰も側にいない。

話をするということは、言葉を使ってお互いに心を伝え合うこと。携帯電話でおしゃべりをするのは機械とおしゃべるをすること。おもちゃの電話で遊んでいる三歳児に似ています。

ところが機械をとおして声を聞くだけでも、あまりいい人間関係とは思えないのに、声も出さず機械を使って文字で話をする人もいます。相手の目を見て話をしないということは、人の気持ちから、やさしさとか、思いやりとか、いたわりといった感情が減ってゆくことです。自分は相手と話をしているつもりかもしれませんが、電話やメールでのおしゃべりは、人間ではなく機械としゃべっているのです。それを続けていると、周りから親しい人がいなくなり、気づいた時には独りぼっちになるのです。

現在、わたしたちの周りから少しずつ方言が消え、語り伝えが消え、諺が消えていきます。日常会話も省略されがちになりました。言葉を使って、生きた人から生きた人へと伝えられてきたことは、機械や文字から受けとることとは違います。人と人とが言葉を交わし合うことは、言葉を生かして伝えることです。生きたままの人間を伝えるということなのです。

庭で、親戚の大人と子どもが一緒になって語り合う。子どもは、こうしたことをいつまでも覚えている。

言葉はその人らしさを表す

やさしい言葉で相手を少しあがめた言い方をする人は、おしとやかで人間味のある人という感じがします。言葉がていねいだと、そういう性格の人と思うし、そういう人と思われると、誰も格好つけてるなんて言わないものです。

ところが若い時は不良みたいな言葉を使っていて、急に馬鹿ていねいな言葉を使われると、おかしくて仕様がない。どこまで続くんだろうと思う。でも、自分の乱暴な言葉に気づいて直してそれを続けるのであれば、それは立派なことです。

また、ていねいな言葉を使っていた人が、乱暴な言葉を使うようになることもあります。こうした人に会うと、この人は駄目な暮らしをしているんだなあと気の毒になります。

相手の言葉で、この人は自分をどれくらいに見てくれているのかということも分かります。ていねいな言葉がいいといっても、切りなしに持ち上げる人。こういう人は真心から言ってくれている訳ではない。おだてているのです。

普通の話し方でいう人は、自分と同等にみているんだなと思う。目上の人だろうが目下の人だろうが誰とでも同じ言葉で話す人もいます。こういう人はあまり教えられるものを持っていない人。

言葉はその人らしさを表す。

人は誰でも年をとり、年をとるにしたがってやつれるが言葉は崩さなければ年をとらない。

言葉のきれいな人には品がある。自然にまかせると言葉は崩れやすいから崩さないように気をつけて一生品よくいたい。

年をとることはこわくない。顔や姿形はやつれても内面からにじみ出てくる美しさがある。

心と言葉が美しければ人は一生美しい。


年下の人から友達言葉を使われたり、見下したような言葉を使われるとむかっとします。

でも、この人はこれだけの人なんだと思えば腹がたちません。そう思われたら思われた方は、まともに相手をしてもらえないと思わなければなりません。

分かっているようで、自分の使う言葉は分からないものです。

汚い言葉をかけてくる人で、あの人はいい人と思う人がいますか。言葉の汚い人に尊敬できる人がいますか。

親しいからといって乱暴な言葉は使わないこと。親しき仲にも礼儀ありです。

しゃべるということと感じることとは違います。感じたままを言葉に出してしゃべるということは難しいことです。感じたことをどこまでどう言葉に表すか考えながら、自分の気持ちを相手に伝えますが、表し方がへただったり、相手に言葉を理解する力がなければうまく伝えることができません。

言葉は年をとらない

言葉はその人らしさを表します。人は誰でも年をとりますが、言葉は年をとりません。だから自分の言葉を持って、自分の言葉で話人を相手にして暮らしていれば相手も年をとり自分も年をとるから、いつまでも友だちでいられるが、機械を相手に暮らしていると自分だけが年をとる。

年をとると機械は相手をしてくれなくなる。誰の声も聞こえてこない。誰も側にいてくれない。

そんな老後にならないように、子どもの時には友だちとはねまわって遊び、親しく語り合って、人を好きにさせることが大事だ。

すようにすると、言葉で自分を知ってもらうことができます。

年と共に顔形はやつれますが、言葉は自分が汚くしなければいつまでもやつれません。

ところが、言葉も年と共にやつれるのが普通なんです。年とってくると気がゆるむし、敬う人が少なくなって年下の人ばかり増えるから、自然に言葉もやつれてしまうのです。

だから、自然にまかせないでいつまでも自分の言葉をなくさないように生きる。顔形は年々やつれますが、その人の言葉がきれいであれば、その人の心がきれいに見えるものです。

話をするときには、あなたのことを信じていますと心を込めて話をしてくれる人と、しんみり話をしたいものです。

大事な話はなんぼもない

大事な話だけをしようと思ったら人はつながりません。ふだんはくだらない話でつながってゆくことです。夫婦だって友達だって同じこと。大事にしなければならないのは会話です。とにかく人は話をすることなんです。

しゃべるということは簡単なようで難しい。親しくなると若いうちは、「あ」「うん」でもすぐに感じて心が通じ合いますが、年をと自分の成長を、自分の心で感じられるように生きることが大事。そのためには、まず、小さくてもこうなりたいという目標をもつこと。そして「どうかうまくいきますように」と念じながら目標に向かって努力をする。そうすると必ず目標にたどり着くから「良くやった」と自分に感謝をする。

自然の力、周りの人たちの助けがあってたどりつくことができるのだが努力をしたのは自分なのだから自分に感謝をする。その時、前よりも成長した自分を感じることができる。

ってくると、「あ」「うん」では分からなくなってきます。だから年を取ってきたら、相手の人にちゃんと自分の気持ちが伝わるようにしゃべることが大事です。

若いうちは「愛しています」で通じますが、年をとってくると愛している気持ちを伝えるのは難しくなります。自分が年をとると周りの人たちも年をとります。その時に、会話が遠くならないように、ていねいな言葉で日常のことをしゃべることで、愛していますという気持ちを伝え合いたいものです。

そのためには、当たり前なことを話にすることです。

「今日はお天気がいいね」

といえば相手は、

「そうね」という。

「隣の猫がネズミをとったって」

と言うだけでも、これはニュース。こういうふうにしゃべって人の心と心をかよわせます。

言葉は使わなければ消えてゆきます。用事のある時だけしか話をしないと、相手に自分の気持ちを、大ざっぱにしか受けとってもらえなくなります。だから、みんながたくさんおしゃべりをして、言葉が消えないようにしたいものです。

ひ孫と語り合うのは楽しい。自分は誰なのか、一生かかっても分からないような生き方は寂しい。精一杯生きて孫に自分を語って聞かせられるような人生ならいい。

心は言葉でつないで

人は言葉を使い、心を伝え合って生きていきます。

諺は先祖の心を伝えている言葉です。生き方を教えてくれる言葉です。倒れそうな自分の心を、もとに戻してくれる力にもなります。はやし唄の言葉も諺も、唱えただけでも楽しくなる言葉です。生きている自分を見つけられる言葉です。

「人は心なんだから、お互いに目と目を見つめ合い、手と手を取り合って、言葉を交わし合いながら、心を伝え合って生きるものなんだと。それが背中向きになったり、人の背中を見て暮らすようになったら、みんな独りぼっちになって、人間の世ではなくなるんだと」というのが祖母の口癖でした。

そのたびに、「自分の気持ちを相手に伝えるには、言葉しかないんだもの、向かい合ってしゃべるのは当たり前だべ。それなのに、人の背中を見て暮らすだなんて、おばあさんて変なことを言う」と思ったものでした。

人と人とが向かい合い、言葉を使って心を伝え合うということは、人間関係を築くために、何よりも大事なことです。

けれどもこのごろは、当たり前の筈の、人と人とが向かい合って交わす会話が、当たり前でなくなり、祖母たちが言っていたことがはやし唄は知恵を育てる唄。人は知恵がある方が生きやすい。知恵を育ててくれるのは言葉。はやし唄は言葉を使って何が恥かを知る遊び。はやされて恥をかいて何が恥かを知ることは、やっては駄目なことを教えられること。恥になることはやらないことが心のけじめ。恥になることはやらないことで人はのびる。

はやし唄の言葉は先人の知恵。人はどんな気持ちをもっているか、そうした気持ちにどう向かうかということを教えてくれる。だから、言葉を知っているだけでも心の助けになってくれる。

現実になりつつあります。

若い人たちの間でおおはやりの携帯電話やメールがそれで、長々と相手を見ないでおしゃべりをしています。相手の目を見て語り合うのが面倒なのか、機械と遊ぶのが楽しいからなのか分かりませんが、そうやって遊んでいるうちに人と向き合うことをしなくなります。慣れてしまうと機械を通さなければものを言えない人になってしまうから、怖いことです。

わたしたちのお先祖は、前の代の人たちの生き方を誇りとしてその通りに生きて、生きた人から生きた人へと、人としての生き方を守り伝えてきたと言われていました。

そうした時に、相手の気持ちを受けとるのも、自分の気持ちを相手に伝えるのも言葉です。それで、より深く言葉の働きを理解する力を身煮つけることが大事だというので、こうした「はやし唄」を伝えたということでした。

はやし唄は、言葉を使った遊びで知恵を育てます。赤ちゃんの時からはやし唄で遊ぶなかで、挨拶とか返事のような人にとって大事なことのもとを身につけます。それから実際に相手をはやせるようになって、どんなことが恥かを分かり、恥になることはやらないと昔はどの人も恥を知っていたから恥になることはやらない、やらせないということで個人のことも世の中のことも守ることができた。
　だが、これからは赤ちゃんの時から恥なんかどうでもいい、自分を前に出せという育てられ方をしている子がいっぱいいるから、そういう人たちとも一緒に進んでいかなければならなくなる。そうした時には、昔の人たちのように人の気持ちを読みとる力、人の見方を子どもの時に身につけて人間らしい人と一緒に進むのがいいと思う。

いう自分づくりをしたのです。

大人になったら、こうした言葉遊びを通して身についたことを守って、はやされないように生きることが、自分を守ることであり、みんなで守れば国を守ることにもつながると言われていました。祖母も、隣家のおじさん、おばさんたちも、自分の命は前の代の人たちと後に続く人たちとの命をつなぎ、心をつなぐために生まれてきた命だと信じて、伝えられていることを大事にし、わたしにも伝えられている通りの育て方をしようと一生懸命だったものでした。

　こうしたことは長い歳月をかけてできあがった「人を育てる」ということであり、子育てとして、また、人の生き方として実際に行われてきたことですので、これからも誰かと向かい合って語り合うことを楽しいと思う気持ちを大事にして、前の代人たちがしてくれたように、「前の代の人たちから受け継いだことを、日常生活の中で引き継ぎながら暮らす」といった生き方を、みんなで続けてほしいと思います。

発刊に寄せて

露木　大子

待望の、阿部ヤヱさんの三冊目の著書がここに誕生しました。エイデル研究所発行の、この阿部ヤヱさんのわらべ唄のシリーズは、わらべ唄を種類ごとに書き著したもので、四冊でひとつのシリーズとなります。わらべ唄の四つの種類のうち、「遊び唄」（『人を育てる唄』）、「呼びかけの唄」（『呼びかけの唄』）はすでに出版され、今回は、「はやし唄」と、はやし唄につながる伝承文化である「諺」とが一緒にまとめられた本になりました。わらべ唄の残るもう一種類「子守唄」も、つづいて発行される予定です。

「わらべ唄を、種類ごとに本にしたらどうか」。十数年前、遠野の駅前の喫茶店で、阿部ヤヱさんと話し合いました。その時、阿部さんは、ノートに鉛筆で丸を書かれ、丸を四分割するように線を入れ、その分割された枠の中に、わらべ唄の四つの種類とそれぞれの目的を書き入れられたのでした。

そして、「はやし唄」を本にすることについて述べられました。

「はやし唄は、言葉遊びで、人の気持ちの裏側をよみ取り合う遊びなのだが、これをどのように字にしたらよかんべなあ、難しいなあ。」とおっしゃいました。「はやし唄」は、隠喩的な言葉で言い表した言葉だからこそ、感情を表現できるのですが、隠喩でしか言い表せないような感情を、どのように文字に書き換えることができるのか、という意味でおっしゃったのだと思います。以来、阿部ヤヱさんは、何度も何度も書き加えられ、懇切丁寧に、「はやし唄」の意味あいを文字にしてくださったのでした。

そのあと、留守番電話、携帯電話、ファックス、コンピューターと、この十年だけのことなのに、人と人のコミュニケーションの方法は随分と変わりました。「お互いの表情の見えない文字では人の心は伝わらない」ということを阿部ヤヱさんはこれらの機械が出る前から言ってらしたのですが、私たちは、現在も、機械でやりとりする言葉ではお互いの感情が届かないでいることすら気づいていないのかもしれません。

この十年で、育児の方法も随分変わってきました。赤ちゃんをあやすCDや、泣きやませるためのいろいろな商品が考案され、販売され、売れています。今年は、赤ちゃんがじっとしていなくても着替えられるという衣類も発売されました。また、とても印象的なのは、「子育ての中で、ネガティブな言葉は言わない」と考えている人が多いことです。失敗を知らせる「あぁあ、あぁあ、あぁあ」という言葉、おむつをとり替える時に「くさいくさいくさい」という言葉を使ってはいけないと思っていた、と言われる方が多いことです。

今回の阿部ヤヱさんの本の中では、赤ちゃんと大人が、また、子どもと子どもが、面と向かいあって言葉をかわしあうことについて書かれています。そして、人が、人の世を生きていくうえでの知恵や、人らしい意志をどう身につけていくのかということが書かれています。

これからは、面と向いあって言葉をなげかけあうこと自体が体験されなくなってくるのでしょうか。文字では感情が伝わらないのだとすると、人と人のつながりはどうなってしまうのでしょう。

どうか、この本を手にされた方々、年配の方々は、子ども時代の生き生きとした感情を、今の子どもたちに伝えてください。

とても嬉しいことには、小さい子どもさんをもった親の方々に、この本に書かれていることをお伝えすると、もう、すぐに子どもさんと向かいあって、心をつなぐことができるということです。日本人の子どものしつけとして長くつづけられてきた子育ての方法ですから、まだまだ、人々の記憶の中に残っているのだと思います。

平成十五年七月

【筆者紹介】

阿部 ヤヱ（あべ・やゑ）

昭和9年（1934年）遠野市松崎町光興寺に生まれる。現住所も同じ。小さいころから、多くのわらべ唄や伝承遊びで育つ。わらべ唄には人間としての生き方、生活の知恵が伝えられていることを知り、自分の体験を振り返り、伝承を確認するために力を注ぐ。次代に伝えることを願って、その伝承に努めている。遠野市文化財保護審議会委員。

著書

『人を育てる唄』（エイデル研究所）

『呼びかけの唄』（エイデル研究所）

唄のCD『人を育てる唄』（エイデル研究所）

『わらべうたで子育て』CD付（福音館書店）

知恵を育てる唄－遠野のわらべ唄の語り伝え3－

2003年10月30日　初刷発行

著　　者　阿部　ヤヱ

発 行 者　大塚　智孝

印刷・製本　中央精版印刷株式会社

発 行 所　エイデル研究所

102-0073 東京都千代田区九段北4-1-11

TEL　03(3234)4641

FAX　03(3234)4644

© Abe Yae

Printed in Japan　ISBN4-87168-366-4　C3037